世界哲學家叢書

弗　　雷　　格

王　路著

1995

東大圖書公司印行

國立中央圖書館出版品預行編目資料

弗雷格／王路著.--初版.--臺北市：
東大發行：三民總經銷，民84
面；　　公分.--(世界哲學家叢書)
參考書目：面
含索引
ISBN 957-19-1818-0（精裝）
ISBN 957-19-1819-9（平裝）

1.弗雷格（Frege Gottlob 1848-1925）-學術思想-哲學

147.79　　　　84006239

ⓒ 弗 雷 格

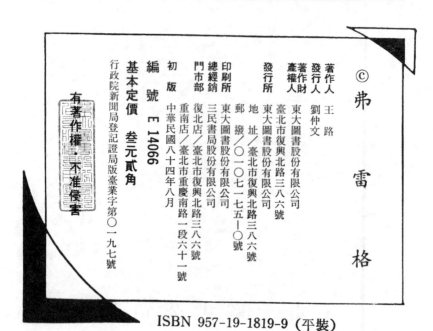

著作人　王路
發行人　劉仲文
著作財產權人　東大圖書股份有限公司
臺北市復興北路三八六號
發行所　東大圖書股份有限公司
地址／臺北市復興北路三八六號
郵撥／〇一〇七一七五一〇號
印刷所　東大圖書股份有限公司
總經銷　三民書局股份有限公司
門市部　復北店／臺北市復興北路三八六號
重南店／臺北市重慶南路一段六十一號
初版　中華民國八十四年八月
編號　E 14066
基本定價　叁元貳角
行政院新聞局登記證局版臺業字第〇一九七號

ISBN 957-19-1819-9（平裝）

「世界哲學家叢書」總序

本叢書的出版計畫原先出於三民書局董事長劉振強先生多年來的構想，曾先向政通提出，並希望我們兩人共同負責主編工作。一九八四年二月底，偉勳應邀訪問香港中文大學哲學系，三月中旬順道來臺，即與政通拜訪劉先生，在三民書局二樓辦公室商談有關叢書出版的初步計畫。我們十分贊同劉先生的構想，認為此套叢書（預計百册以上）如能順利完成，當是學術文化出版事業的一大創舉與突破，也就當場答應劉先生的誠懇邀請，共同擔任叢書主編。兩人私下也為叢書的計畫討論多次，擬定了「撰稿細則」，以求各書可循的統一規格，尤其在內容上特別要求各書必須包括 (1) 原哲學思想家的生平；(2) 時代背景與社會環境；(3) 思想傳承與改造；(4) 思想特徵及其獨創性；(5) 歷史地位；(6) 對後世的影響（包括歷代對他的評價），以及 (7) 思想的現代意義。

作為叢書主編，我們都了解到，以目前極有限的財源、人力與時間，要去完成多達三、四百册的大規模而齊全的叢書，根本是不可能的事。光就人力一點來說，少數教授學者由於個人的某些困難（如筆債太多之類），不克參加；因此我們曾對較有餘力的簽約作者，暗示過繼續邀請他們多撰一兩本書的可能性。遺憾的是，此刻在政治上整個中國仍然處於「一分為二」的艱苦狀態，加上馬列教條的種種限制，我們不可能邀請大陸學者參與撰寫工作。不過到目前為止，我們已經獲得八十位以上海內外的學者精英全力支持，包括臺灣、香港、新加坡、澳洲、美國、西德與加拿大七個地區；難得的是，更包括了日本與大韓民國好多位名流學者加入叢書作者的陣容，增加不少叢書的國際光彩。韓國的國際退溪學會也在定期月刊《退溪學界消息》鄭重推薦叢書兩次，我們藉此機會表示謝意。

原則上，本叢書應該包括古今中外所有著名的哲學思想家，但是除了財源問題之外也有人才不足的實際困難。就西方哲學來說，一大半作者的專長與興趣都集中在現代哲學部門，反映著我們在近代哲學的專門人才不太充足。再就東方哲學而言，印度哲學部門很難找到適當的專家與作者；至於貫穿整個亞洲思想文化的佛教部門，在中、韓兩國的佛教思想家方面雖有十位左右的作者參加，日本佛教與印度佛教方面卻仍近乎空白。人才與作者最多的是在儒家思想家這個部門，包括中、韓、日三國的儒學發展在內，最能令人滿意。總之，我們尋找叢書作者所遭遇到的這些困難，對於我們有一學術研究的重要啟示（或不如說是警號）：我們在印度思想、日本佛教以及西方哲學方面至今仍無高度的研究成果，我們必須早日設法彌補這些方面的人才缺失，以便提高我們的學術水平。相比之下，鄰邦日本一百多年來已造就了東西方哲學幾乎每一部門的專家學者，足資借鏡，有待我們迎頭趕上。

以儒、道、佛三家為主的中國哲學，可以說是傳統中國思想與文化的本有根基，有待我們經過一番批判的繼承與創造的發展，重新提高它在世界哲學應有的地位。為了解決此一時代課題，我們實有必要重新比較中國哲學與（包括西方與日、韓、印等東方國家在內的）外國哲學的優劣長短，從中設法開闢一條合乎未來中國所需求的哲學理路。我們衷心盼望，本叢書將有助於讀者對此時代課題的深切關注與反思，且有助於中外哲學之間更進一步的交流與會通。

最後，我們應該強調，中國目前雖仍處於「一分為二」的政治局面，但是海峽兩岸的每一知識分子都應具有「文化中國」的共識共認，為了祖國傳統思想與文化的繼往開來承擔一分責任，這也是我們主編「世界哲學家叢書」的一大旨趣。

傅偉勳　韋政通

一九八六年五月四日

自　序

列入「世界哲學家叢書」的《弗雷格》一書本計畫是由我的朋友趙汀陽撰寫的。現在則由我來完成。

我最初學習弗雷格的著作是1983—1985年在德國留學期間，而真正深入地系統地研究他的思想卻是回國以後。1988—1990年我還選譯了十三篇弗雷格的重要論著，題為《弗雷格哲學論著選輯》，已由商務印書館於1994年出版。

今天能有這樣一個機會寫這樣一本小書，向廣大讀者介紹弗雷格這樣一位大思想家，我感到十分高興。

在此，對所有為出版此書提供了幫助的先生和朋友表示感謝！

王　路

1995年於
中國社會科學院哲學研究所

弗雷格 目次

第一章　生平與著作

弗雷格是德國著名的數學家，邏輯學家。他是現代邏輯的創始人。人們一般也認為他是語言哲學和分析哲學的創始人。他的思想對二十世紀的邏輯、哲學以及與之相關的學科產生了極其重要的影響。

一、生平

1848年11月8日，弗雷格出生在德國維斯瑪，他的全名是弗里德里西・路得維希・戈德羅布・弗雷格（Friedrich Ludwig Gottlob Frege）。他的父親亞歷山大・弗雷格（Alexander Frege）在當地開辦了一所女子中學並任校長。他的母親名叫奧古絲蒂・比婭羅布洛特基（Auguste Bialloblotеky），後來接替他父親擔任了這所女子學校的校長。弗雷格在維斯瑪讀完小學、中學和大學預科。1869年，他通過了高級中學畢業考試，進入耶拿大學。他在耶拿大學讀了兩年以後又去哥丁根大學念了五個學期，先後學習了數學、物理、化學、哲學等課程。1873年，他在哥丁根大學獲得博士學位，博士論文是〈論在幾何平面上對想象圖象的幾何表述〉。1874年，他以論文〈基於量概念的擴展而建立的計算方法〉申請並獲得耶拿大學數學系的授課資格。1879年在他發表《概念文字》之後，他被任命爲該校副教授。1896年，他被任命爲該校名譽教授。1918年，他在執教44年後退休。

弗雷格的個人生活十分不幸。1866年，當他還在念中學時，他的父親不幸故去。他的母親資助他上大學，甚至當他念完博士後，在耶拿大學數學系剛開始授課的幾年裡，他的經濟來源也依靠他的母親。他的幾個孩子先後幼年病逝。大約在1900年，他和他的妻子瑪佳莉・利斯布格（Margaret Lieseburg，1856—1905）收養了一個孩子，取名阿爾弗雷德・弗雷格。不幸的是，1905年他的妻子也去世了，由他一個人獨自撫養這個孩子。

1918年，弗雷格從耶拿大學退休，離開耶拿，搬到離他的家鄉維斯瑪很近的一個小城巴特・克萊嫩定居下來。他繼續撰寫關於邏輯和數學的論著。1925年7月26日，這位偉大的邏輯學家幾乎默默無聞地與世長辭，享年77歲。

關於弗雷格的生平記載，我們掌握得很少。據說，他的養子阿爾弗雷德・弗雷格寫過這方面的東西，但是手稿在二次大戰中被燒毀了。維特根斯坦談到過他與弗雷格的一段交往:

> 我寫信給弗雷格，對他的理論提出一些反對意見，然後急切地等待他的回音。令我特別高興的是，弗雷格寫信來讓我去見他。
>
> 當我到他家時，我看到一排小學生帽子並聽到孩子們在花園裡玩耍的喧鬧聲。後來我聽說，弗雷格的婚姻生活很不幸——他的幾個孩子早逝，不久他的夫人也去世了，他收養了一個孩子，我相信，對這個孩子，他是個慈愛的父

親。

我被領到他的書房。弗雷格身材不高，很均稱，長著蓬鬆的絡腮鬍子。他談話時在屋子裡不停地走來走去。他徹底駁倒了我，我感到十分沮喪。但是最後他說：「你一定再來」。因此我又高興起來。

自那以後我與他又討論了幾次。除了邏輯和數學，弗雷格是什麼也不會去談的。如果我開始談起另外一個題目，他就會彬彬有禮地談上幾句，然後又回到邏輯和數學的討論。有一次他給我看一份他的一位同學的仆告，那上面說，這個人從來也沒有使用一個詞而不知道這個詞是什麼意思。對於這個人為此會受到稱讚，弗雷格表示驚訝。

我最後一次見到弗雷格，他到火車站送我。在等火車時我對他說：「在你的數是對象的理論中，你從來也沒有發現任何困難嗎？」他回答說：「有時我似乎看到困難 —— 但是隨後我就又看不到了」❶。

維特根斯坦的這段回憶，大概是唯一一份可以看到弗雷格一些性格的文獻。弗雷格給他的養子留下一份遺囑：

親愛的阿爾弗雷德：

不要輕視我寫下的這些手稿，即使它們並非都是金子，但是其中確有金子。我相信，其中有些東西將來會得到比現在高得多的評價。注意保留，一頁也不要丟失了。

愛你的父親

❶ 引自 Geach.〔B〕.

以此，我把自己很大的一部分都留給了你❷。

從這份遺囑，我們可以看到弗雷格對自己遺著的珍視。它表明，在弗雷格的眼中，他的著作與他的情感甚至生命融爲一體。因此他留給養子的是他最珍貴的東西，是他生命的一部分。由此也反映出弗雷格對養子的深厚感情。

二、學術交往

弗雷格的學術活動大致可以分爲四個方面。首先是教學工作。從1874年至1918年，他在耶拿大學共教書44年。在最初的5年，即從1874年到1879年，他的教學工作量極大，而且沒有收入。直到1879年他獲得副教授的頭銜，才開始得到薪水。弗雷格在耶拿大學沒有被聘爲正教授，他只是在1896年被該校授與名譽教授的稱號。對於這一點，人們一般認爲這是因爲學校對他的教學工作評價不高。也有人認爲很可能在1896年學校聘他爲教授，而他拒絕了，因爲這樣他可以有更多時間從事研究❸。無論這兩種猜測是否正確，弗雷格講課，特別是講他那一套概念文字符號，聽課的學生大概不會很多。他使用的符號令人生畏，他的思想深奧難懂，具有全新的境界。他發表的關於概念文字方面的論文在學術界長時期內得不到理解和承認，因此在課堂上他的思想大概很難被學生接受。不過他的教學仍然是有成就的。著名哲學家卡爾納普在1910年至1913年間聽過弗雷格的課，他說：「我從大學學習中

---

❷ Frege,〔B〕XXXIV.
❸ 參見 Bynum, p.42.

獲得的最有成果的啓示不是來自那些專門的哲學領域或專門的數學領域中的教學，而是來自弗雷格關於這兩個領域中的教學」❹。我們至少可以相信，弗雷格在數學和幾何學方面的教學肯定是極爲出色的。他教學認眞，對學生要求很高。1879年他被評爲副教授時，有一分評語是這樣寫的：弗雷格的課不太適合那些認爲「一堂課只是一次聽力練習」的平庸的學生。「弗雷格博士以其表達的極大清晰性和嚴格性，以其教學的思想性，特別適合於向有求知欲的聽眾介紹數學研究中那些困難的材料」❺。弗雷格在1907年即將滿60歲時，被耶拿大學授與「顧問」(Hofrat) 這個令人尊敬的頭銜，這也說明，學校他對的教學工作是肯定的。

除了教學工作以外，弗雷格參加了許多學術活動，他是德國自然研究學會的會員，耶拿醫學和自然科學學會的會員，德國數學家協會的會員。他多次在這些學會組織的討論會上宣讀過論文。比如他的著名論文〈函數和概念〉就是1891年在耶拿醫學和自然科學學會的會議上做的學術報告。從他的通信中我們知道，他去過意大利，很可能遇見了皮亞諾和瓦拉利❻。羅素也邀請過他去劍橋大學在數學討論會上做學術報告，但是他沒有去成。

弗雷格的另一部分學術活動是他的書信往來。他與當時許多重要的數學家、邏輯學家、哲學家都通過書信交換思想，其中包括胡塞爾、列文海姆、皮亞諾、羅素、希爾伯特、維特根斯坦等著名學者❼。這些信件有的已經丢失，特別是弗雷格與列文海

❹ 轉引自 Bynum, p. 8.

❺ 同❹。

❻ 對於這些交往，Bynum 做了一些研究和猜測，參見 Bynum, pp. 50—51.

❼ 弗雷格與之通信的學者達25人之多，許多信中有十分有趣而重要的技術性討論。參見 Bynum, p. 7 注釋。

姆的通信在二次大戰中遺失，使我們無法得知這兩位思想家交流的內容，十分可惜。弗雷格的書信對一些著名學者產生了重大影響，特別是對胡塞爾和皮亞諾。

胡塞爾是德國哲學家，1891 年他發表了《算術哲學》第一卷。這部著作反映了他的心理主義觀點，而且他批評了弗雷格的算術哲學。1894年，弗雷格做出反應，給這本書寫了書評。在書評中，他對胡塞爾的主要論證逐條進行分析，指出在其心理學基礎中隱藏的矛盾和混亂。弗雷格的批評徹底地摧毀了胡塞爾的觀點的基礎，使胡塞爾的學術生涯發生了轉折。在此之前，「胡塞爾一直是心理主義的忠實擁護者，在此之後，他變成心理主義的反對者」❽。胡塞爾和弗雷格保持書信往來達 16 年之久（1891—1906)。特別是弗雷格在給胡塞爾的一封信中（1891年5月24日）詳細解釋了自己關於意義和意謂的區別，這一思想對胡塞爾的影響極大，「導致胡塞爾自己區別出思想行爲的對象和 Noema」❾。胡塞爾的「Noema」相應於弗雷格的意義。胡塞爾是現象學的創始人，而「Noema」這個概念又是現象學中一個至關重要的概念，由此可以說弗雷格對現象學亦有影響。

皮亞諾是意大利邏輯學家，數學家。他爲弗雷格的《算術的基本規律》第一卷寫了一個書評。他沒有看到弗雷格在這部著作中所取得的偉大成就，沒有認識到弗雷格的邏輯比他自己的邏輯更優越。他錯誤地批評弗雷格的這部著作，認爲他自己的邏輯比

---

❽ Bynum, p. 44; Bynum 的觀點相當有代表性，不過近來也有人認爲，胡塞爾並不是因爲受弗雷格的影響而與心理主義分道揚鑣，參見 Mohanty, J. N.

❾ Bynum, p. 45.

弗雷格的更實用，更深奧。對此，弗雷格致信皮亞諾，證明皮亞諾的觀點是錯誤的，並要求他把這封信發表在《數學評論》上。弗雷格深刻的批評致使皮亞諾公開承認錯誤並感謝弗雷格改進了他的邏輯。「由於弗雷格的復信，皮亞諾被迫承認他的邏輯確實使用了三個以上初始符號——實際至少使用了九個。弗雷格對他定義程序的批駁迫使他在初始符號中增加『＝df』這個符號，並且改正一些錯誤的定義。因此，由於弗雷格，皮亞諾邏輯的嚴格性和精確性在《數學公式》第一卷和第二卷之間得到了根本的改進」❿。

在弗雷格的學術交往中，特別應該提到維特根斯坦。1910年，維特根斯坦在英國曼徹斯特大學學習機械工程。由於他對數學基礎很感興趣，因此讀了羅素的《數學原則》這部著作。在這部著作中，他發現了作者對弗雷格的觀點的說明。於是他寫信給弗雷格，提出了一些反對意見。弗雷格復信並邀請他去德國耶拿討論這些問題。1911年，維特根斯坦訪問了弗雷格，一起討論了他反對的問題。此外，他還請教弗雷格如何學習數學基礎，弗雷格建議他去劍橋跟羅素學習。維特根斯坦接受了弗雷格的建議。在此之後，維特根斯坦多次訪問過弗雷格，他們保持書信往來。維特根斯坦閱讀弗雷格的著作，從中受到很大影響。

卡爾納普雖然沒有像維特根斯坦那樣與弗雷格交往，但是他有幸當過弗雷格的學生，聽過他的課。1910年秋季，他聽了弗雷格講的「概念文字」。這個講座主要是介紹概念文字。卡爾納普對於弗雷格所說的用概念文字可以構造算術感到好奇，因此於

---

❿ Bynum, p. 40.

1913年又聽了弗雷格的講座「概念文字Ⅱ」。在這個講座上，「弗雷格時常批評其他一些人的觀點，有時帶有諷刺，甚至挖苦。他特別攻擊形式主義者，卽那些聲稱數僅僅是符號的人……，(他)解釋了(他的『概念文字』的)各種應用，其中有些應用是他發表的論著中所沒有的，比如，對於函數連續性的定義，對於函數極限的定義，普遍收斂和均勻收斂的區別。所有這些概念都可以借助第一次在他的邏輯系統中出現的量詞表達。他還證明了上帝存在的本體論證明中的邏輯錯誤」⓫。1914年，卡爾納普又聽了弗雷格的一個講座「數學中的邏輯」。弗雷格的思想對卡爾納普產生了深刻的影響。而卡爾納普對於傳播弗雷格的思想也起了巨大的作用。拜努說:「是卡爾納普，而不是其他人(儘管也許維特根斯坦緊排其後)，對於目前的『弗雷格復興』和弗雷格著作正在得到日益增長的喝采聲負有主要責任」⓬。

弗雷格的學術活動還有一個方面，而且也是最重要的方面，這就是他撰寫了大量的學術著作。這些著作包含著天才的、創造性的、極其豐富而寶貴的思想。

三、著作

弗雷格的著作可以分爲兩部分:一部分是他生前發表的著作;另一部分是他生前未發表而後來由別人編輯出版的著作。

弗雷格生前發表的論著共40篇，其中最主要的是:

《概念文字，一種模仿算術語言構造的純思維的形式語言》

⓫ Bynum, p. 52.

⓬ 同⓫。

(1879)。他在這部著作中構造了一種形式語，並且建立了一階謂詞演算系統。在這部著作中，他明確地提出了自己的邏輯主義綱領，即從邏輯推出數學。

《算術基礎》(1884)。在這部著作中，他批評了經驗主義，心理主義，形式主義等關於數概念的錯誤認識，闡述了自己關於數的理論，定義了０、１和後繼等概念。他的論述是非形式的，爲後來建立形式系統奠定了基礎。

〈函數和概念〉(1891)。在這篇論文中，弗雷格論述了函數的性質，指出函數要由一個滿足或完整的部分來補充，即由自變元來補充。他還區別出一元函數、二元函數；一階函數、二階函數等等。特別重要的是，他從函數的性質出發，說明概念就是函數。

〈論概念和對象〉(1892)。在這篇論文中，弗雷格區分了句子的語法形式和邏輯形式，闡明了句子中主語和謂語之間表達的一種最基本的關係，即一個對象處於一個概念之下；在此基礎上還闡明了句子中的量詞和句子表達的思想的關係。

〈論意義和意謂〉(1892)。在這篇論文中，弗雷格區分了符號、符號的意義和符號的意謂，專名的意義和意謂，句子的意義和意謂，特別是詳細說明：句子的意義是它的思想，句子的意謂是它的眞值，即眞和假。

《算術的基本規律》第一卷（1893）。在這部著作中，弗雷格建立了公理系統，試圖完成自己的邏輯主義綱領。該書第二卷於1903年出版，但是在付印時，弗雷格得知公理Ｖ出了問題，因此增加了一個附錄，提出了修改方案。

1918年至1923年，弗雷格在《德國唯心主義哲學》上以「邏輯研究」爲題發表了三篇論文〈思想〉(1918—1919)，〈否定〉(1918—1919)，〈思想結構〉(1923)。在這一題目下本來他還準備寫第四篇論文〈論邏輯的普遍性〉，但是該文只寫了一半，沒有完成。在這一系列論文中，〈思想〉一文尤其重要，它詳細論述了什麼是思想，即什麼是句子的意義，它指出：思想既不是外界的事物，也不是內心世界的東西，而是屬於第三領域，思想是可以由許多人共同把握的東西。該文還探討了眞和與眞相關的問題，論述了思想和眞的關係。

除了生前發表的著作外，弗雷格還有許多手稿。這些手稿於1969年被編輯出版。此外，弗雷格生前與許多著名的數學家、邏輯學家和哲學家有大量的書信往來。這些信件，除遺失的以外，於1974年被編輯出版。這些遺著和信件也記錄了弗雷格許多極其重要的思想。

第二章　概念文字

1879年，弗雷格出版了《概念文字：一種模仿算術語言構造的純思維的形式語言》。雖然他在世時這部著作和他本人一樣幾乎默默無聞，但是今天卻得到人們的普遍承認和重視。邏輯學家們認爲，弗雷格是現代邏輯的創始人之一，而《概念文字》的發表標誌著現代邏輯的開始。哲學家們認爲，弗雷格是分析哲學的第一人，是語言哲學之父。而他的許多思想，比如關於意義和意謂的思想都發源於《概念文字》。因此，《概念文字》不僅對邏輯，而且對哲學都具有十分重要的意義。

一、形式語言

弗雷格構造概念文字不是憑空想象的。他想證明，邏輯包括算術以及所有可以化歸爲算術的數學分支。他在研究邏輯和算術的關係時認識到，最重要的是必須保證推理過程完美無缺，而當他致力於研究如何滿足這種嚴格性的要求時，他發現語言的缺陷，認識到語言的不完善是實現嚴格性的障礙，這種不完善性到處出現，關係越複雜，就越不能達到他的目的所要求的那種精確性。因此他必須修正現行使用的語言，由此他產生了構造一種概念文字的思想。正像他自己說的，這種概念文字也叫「純形式的思維語言」。後來在《算術的基本規律》這部著作中，弗雷格說：「人們在這部著作中發現以符號證明的算術所依據的那些定理。我將這個符號整體稱爲概念文字」❶。因此，「概念文字」旣是弗雷格早期一部重要著作的名字，也是弗雷格使用的形式語言及其邏輯系統的名字。以下我們說到概念文字，往往是指後者。

在《概念文字》這部著作中，弗雷格詳細地介紹了他的概念文字，以及用這種形式語言構造的邏輯演算系統。除了在序言中，他幾乎沒有談論語言的不完善性，但是在他後來發表的以及沒有發表的論著中，他多次明確地指出並且詳細地論證了這一點。就一般的語言缺陷來說，他認爲，「在科學的較抽象部分，人們一再感到缺少一種可以避免別人的曲解又可以避免自己思想中錯誤的工具。這兩個問題的原因都在於語言的不完善性」❷，「在涉及保證思維不犯錯誤的地方，語言是有缺陷的」❸。就語言在表達邏輯規律方面的缺陷來說，他認爲，語言不受邏輯規律的支配，遵守語法並不能保證思維活動形式的正確性；「語言中恰恰沒有嚴格確定的推理形式的範圍，以致無法將語言形式方面完美無誤的進展與省略了中間步驟區別開來」❹，「邏輯關係幾乎總是僅僅被語言暗示了出來，任憑人們去猜測，而並沒有眞正被表現出來」❺。從這些論述可以看出，弗雷格並不只是感到語言有缺陷，而是十分淸楚地認識到語言的缺陷。爲了邏輯研究，爲了演繹體系的構

❶ Frege,〔D〕V.
❷ 弗雷格，頁37。
❸ 弗雷格，頁38。
❹ 弗雷格，頁39。
❺ 同❹。

造，必須重新構造一種語言，這是一種自覺的有意識的努力。

在構造概念文字的過程中，弗雷格借鑒了兩種語言，一種是傳統邏輯的自然語言，另一種是算術的形式語言。

傳統邏輯已有兩千年的歷史，它的影響根深蒂固。弗雷格一開始也是自然而然地使用傳統邏輯的表述方式。當他發現行不通時才拋棄了這種方式。他承認，「在第一次設計一種語言時，我受到語言例子的誘惑，用主詞和謂詞構造判斷。但是不久我就確信，這對我獨特的目的是有妨礙的，並且只會導致毫無用處的評述」❻。他認爲，區別主詞和謂詞只能造成歪曲。他還認爲，傳統邏輯對全稱判斷和特稱判斷的區別「其實不是對判斷的區別，而是對內容的區別」❼；對直言、假言和選言判斷的區別「只有語法意義」❽；對必然判斷和直言判斷的區別在於「前者暗示普遍判斷的存在，由此可以推出句子，而後者沒有這樣的暗示」❾。因此，傳統邏輯的這些區別對於構造他的形式語言沒有什麼意義。

弗雷格是一位數學家，他在數學方面有很深的造詣，因而他自然而然地借鑒了數學的形式語言，但是他不是機械地模仿數學的個別形態，而是從數學形式語言的整體思想方面汲取營養。正像他所說，他的概念文字與算術形式語言最相近的地方在於使用字母的方式。他雖然以數學的形式語言爲典範，卻不是生搬硬套，他明確指出，「算術的形式語言缺少邏輯聯結詞的表達；因而不能說它是完全意義上的概念文字」❿。他希望構造這樣一種

---

❻ 弗雷格，頁8。
❼ 同❻。
❽ 弗雷格，頁9。
❾ 同❽。
❿ 弗雷格，頁41。

概念文字:「它必須有邏輯關係的簡單表達方式，這些表達方式限制在必要的數量之內，必須能被人們簡便而可靠地掌握，這些形式必須適合於與內容最密切地結合在一起，同時必須力求簡明，以便能充分利用書寫平面的二維廣延達到描述的清晰。有內含意義的符號非常少，一旦出現普遍的形式，就能夠很容易根據需要製造這種符號。如果看上去不能或者不必把一個概念分解爲其最小組成部分，那就可以滿足於暫時使用的符號」⓫。實際上，他借鑒了數學的形式語言和傳統的自然語言的表達方式，用表示邏輯關係的符號補充數學的形式語言，最終創造出他的概念文字。

使用字母表達推理形式，提出構造形式語言，這些都不是從弗雷格才開始的。亞里士多德在《前分析篇》中就使用了字母表達一般概念，從而清楚地揭示出三段論的推理形式，比如三段論第一格第一式：如果P屬於每個M並且M屬於每個S，那麼P屬於每個S。實際上，亞里士多德在這裡不僅使用了字母，而且使用了「屬於」這樣一個詞，根據史學家的考證⓬，「屬於」這個詞在古希臘自然語言中很少這樣使用，它是亞里士多德爲了構造三段論系統而創造的「術語表述」，使命題中主項和謂項變得更清楚了。在希臘語中，對於「S是P」這樣的命題，S和P的主謂關係是不清楚的，因爲主語和謂語的位置是不固定的。從語法形式上看，S和P都是主格，從語言習慣上說，P可以是謂詞，也可以是主詞，同樣，S可以是主詞，也可以是謂詞。但是在「P屬於S」這樣的命題中，S和P的主謂關係是清楚的，因爲它

⓫ 弗雷格，頁42。
⓬ Patzig, pp. 21—22; 王路，《亞里士多德的邏輯學說》4.2。

們由語法形式的「格」得到區別，P是主格，S是第三格，因此，這種表述方式對於區別出主謂關係是十分有益的。雖然亞里士多德沒有說明他爲什麼要使用「屬於」這樣的術語，爲什麼要使用字母表示一般概念，但是他這種做法至少說明，他感到自然語言對於構造和表述他的三段論系統是不夠理想的。

萊布尼茲明確地提出建立一種普遍語言的思想，他希望這種語言能夠提供一種推理演算的結構，從而使人們很容易進行形式推理；借助這種語言，所有推理的錯誤都僅僅成爲計算的錯誤，如果人們發生爭端，那麼只要坐下來，拿出紙和筆進行演算就可以了。但是萊布尼茲僅僅是提出了這種思想。他沒有提出一個詳盡的、把這種思想付諸實施的方案，也沒有具體地對這種方案進行技術性的討論。因此他的這個偉大理想在他那裡沒有實現。

弗雷格雖然不是提出構造普遍語言的思想大師，卻是實現這一理想的藝術巨匠，他雖然也是用符號表達推理，卻不是像亞里士多德那樣局限在自然語言的語法形式中，而是突破自然語言的束縛，構造了一套形式語言。他不僅嘗試用這種形式語言表達推理的形式和規則，而且成功地構造了第一個初步自足的邏輯演算系統，終於使邏輯這門具有兩千年歷史的古老科學在他的手中獲得新生。雖然他使用的符號不利於印刷，今天不被人們採用，但是他爲現代邏輯提供了構造形式語言的方法。從他開始，現代邏輯走上了形式化的道路。今天，當我們普遍應用現代邏輯並以此在眾多的領域獲得巨大的成功時，我們已經感到習以爲常。然而，回顧弗雷格的工作，尤其是他對數學和邏輯這兩門古老科學的語言的研究、分析、批判、借鑒、創新的工作，我們確實感到他的概念文字是一個非常了不起的、偉大的成就。

二、邏輯演算

弗雷格構造了概念文字，即一種形式語言，並用這種語言建立了第一個一階邏輯演算系統，爲現代邏輯的發展奠定了基礎。由於弗雷格使用的符號不利於印刷，今天已經不被人們採用，由於他的基本思想和系統與現代一階邏輯是一致的，而一階邏輯又是我們十分熟悉的，因此我們只用現代邏輯的符號簡單地介紹他的系統。而且爲了行文同一，除了必要的地方以外，我們一直使用這種表達方式。

弗雷格的系統有 9 條公理:

公理（1） $a \to (b \to a)$

公理（2） $(c \to (b \to a)) \to ((c \to b) \to (c \to a))$

公理（3） $(d \to (b \to a)) \to (b \to (d \to a))$

公理（4） $(b \to a) \to (a \to b)$

公理（5） $\sim\sim a \to a$

公理（6） $a \to \sim\sim a$

公理（7） $(a = d) \to (f(c) \to f(d))$

公理（8） $c = c$

公理（9） $\forall x F(x) \to F(a)$

他的系統有兩條推導規則:

推導規則（1） $A \to B,\ A \vdash B$

推導規則（2） $A \to F(a)$)($\vdash A \to \forall x F(x)$ 僅當 a 不在結論中出現。

弗雷格的公理（1）—公理(6) 加上推導規則（1）形成了命題

演算系統。他證明了這個系統的無矛盾性，即命題演算中只有眞命題是可證的。但是他沒有證明這個系統的完全性，即命題演算中所有眞命題都是可證的。

弗雷格的公理 (1)—公理(6) 加上公理(9)，再加上推導規則(1)和規則(2)，就形成了一階謂詞演算系統(加上公理(7)和公理(8)，就是帶等詞的一階系統)。他的系統是完全的和無矛盾的，但是他只證明了一階謂詞演算系統是語義無矛盾的，而沒有得出完全性證明。這一工作直到1930年才由哥德爾完成。

三、創造性和貢獻

弗雷格的概念文字是一項創造性的工作。它雖然不是像亞里士多德邏輯那樣創造出了邏輯，但是它創造出了與亞里士多德邏輯不同的現代邏輯。它的構造過程中有許多傑出的思想。其中有些思想具有極其重要而深遠的意義。

第一個重要思想是引入「|——」這個符號。這是弗雷格引入的第一個符號。他稱這個符號爲判斷符號。他認爲，句子和句子表達的思想是不同的。例如「在普拉蒂亞希臘人戰勝波斯人」和「在普拉蒂亞波斯人被希臘人戰勝」這兩個句子形式不同，內容卻是相同的。他稱句子表達的內容爲概念內容。他認爲只有概念內容對他的概念文字才有意義。因此不必區別概念內容相同的句子。句子的主詞和謂詞是有區別的，但是這種區別只是說話的人爲了引起聽者的注意並使之產生某種心理上的影響而採用的，在概念文字中沒有與之相應的東西。概念文字「在判斷中僅考慮對那些可能的結果有影響的東西，一個正確推論所必要的所在東西

全部表達出來，但是不必要的東西一般也不用提示；不能有任何東西任人猜測」⑬。他認爲，在他的語言中應該把「阿基米德在錫臘庫斯佔領時期喪生」這個句子表達爲「阿基米德在錫臘庫斯佔領時期慘死是一個事實」。這樣，對整個判斷將會只有一個唯一的謂詞，即「是一個事實」。這裡可以淸楚地看到，弗雷格說的謂詞，已經不是通常意義上的謂詞。正是根據這種思想，弗雷格引入了第一個符號「|——」。

「|——」這個符號處於表示判斷內容的符號的左邊。它由一水條平線「——」和一個豎槓「｜」組成。前者叫做內容線，後者叫做判斷槓。它們可以和表示判斷內容的符號整體聯接起來。比如，A是一個表示判斷內容的符號整體，這樣就可以有「|——」和「——」。「——」不表示判斷，它只能使人們想到A表示的那些內容。「|——」則表示判斷。弗雷格的這個思想有兩點重要意義。

(1) 對句子，對句子表達的內容，以及對句子表達的內容和判斷做出區別。比如「|——A」，可以被看作是與「——A」和「A」不同的。「A」可以被看作是一個句子。「——A」則表示A這樣的內容。「|——A」則是對A這個句子表達的內容的判斷。這裡實際上涉及語言學、心理學和邏輯的區別。只有句子表達的內容與概念文字有關，而涉及產生心理作用的東西與概念文字沒有關係，這就把邏輯研究的東西與心理學研究的東西區別開來。當然，弗雷格在這裡沒對邏輯與心理學的區別展開論述，但是概念文字提供了這種區別的基礎。後來在〈思想〉一文中，弗

⑬ 弗雷格，頁8。

雷格進一步論述並且發展了這一思想。關於這一點，後面我們將進一步論述。這裡我們要指出，弗雷格正是從語言的角度出發，區別出句子，句子表達的內容和對句子內容的斷定，由此區別出思想和判斷。當然這裡應該特別注意，弗雷格還沒有像後來那樣明確地區別出句子、句子的意義和意謂，不過可以看出，這裡已經包含了這一思想。判斷內容含有意義，而對眞的斷定，即對判斷內容的斷定含有意謂。區別出句子表達的內容和對句子的判斷，實際上爲以後區別句子的思想和句子的眞值奠定了基礎。正是他的這一工作，使人們越來越明確了邏輯研究的對象，從而使邏輯與心理學區別開來。

(2) 打破了傳統邏輯的體系結構，建立了現代邏輯的體系結構。傳統邏輯的體系結構是概念、判斷、推理。這是按照亞里士多德的《工具論》的順序安排的，也反映出過去人們對思維過程的認識，即先形成概念，然後由概念形成判斷，最後由判斷形成推理，或者說，推理是由判斷組成的，判斷是由概念組成的，因此要首先探討概念。但是弗雷格的概念文字一開始就是把判斷作爲一個整體引入的，而不是先引入概念。這樣就直接進入對判斷與判斷之間的關係的研究，即進入推理的研究，從而更充分地顯示出邏輯這門科學的性質。現代邏輯就是根據弗雷格的這種思想，先構造命題演算系統，然後構造謂詞演算系統，並在此基礎上一步步發展起來的。現代邏輯的發展成就成功地說明弗雷格先引入判斷這一思想是非常出色的，也是正確的。應該指出，判斷是對句子表達的內容的斷定，把判斷提到核心地位，實際上是把句子提到核心的地位。這一思想不僅對邏輯，而且對哲學都產生了極其深刻的影響。

弗雷格的概念文字的第二個重要思想是引入函數和自變元。弗雷格先引入判斷，從而把句子提到首位，這並不是說他不分析概念。實際上，他是從對判斷的分析深入到概念的。在分析判斷的過程中，他借用數學的兩個概念：函數和自變元。弗雷格認為，一個句子表達了一種關係整體，其中一些詞總是可以由另一些詞替代的，因此一個句子表達式可以分解為兩部分：一部分是表達整體關係的固定部分，另一部分是可由其它的詞或符號替代的部分。前者叫函數，後者叫作它的自變元，譬如對「氫氣輕於碳酸氣」這個句子，可以把「氫氣」看作自變元，把「輕於碳酸氣」看作函數，可以用其它一些詞比如氮氣替代氫氣，這個句子的意義就發生變化；也可以把「碳酸氣」看作自變元，這樣「氫氣輕於 」就是函數。對此，弗雷格有一段精確的說明：「如果在一個其內容不必是可判斷的表達式中在一個或多個位置上出現一個簡單的或複合構成的符號，並且我們認為在所有位置上或幾個位置上可以用其它符號、但是只能到處用相同符號替代它，那麼我們就稱這裡表達式所表現出的不變的部分為函數，稱可替代的部分為其自變元」[14]。

概括地說，ϕ(A) 表示以A為自變元的函數。$\vdash\!\!\!—\phi$(A) 讀作：「A有性質ϕ」。

ϕ(A, B)表示以A和B為自變元的函數，$\vdash\!\!\!—\phi$(A, B) 讀作：「A與B有關係ϕ」。

應該看到，ϕ是函數符號，A是自變元。ϕ(A) 表示以A為自變元的函數，或表示帶有一個自變元A的函數。自變元是可替代

---

[14] 弗雷格，頁21—22。

的。若以B爲自變元，則ϕ(B)是以B爲自變元的函數，或表示一個自變元B的一個函數。同時也應該看到，ϕ也是可替代的，比如用φ或X替代，φ(A)就表示以A爲自變元的不同的函數φ。

函數和自變元是從數學借用的兩個概念。在數學中，一般來說，自變元是數，數是個體的東西或對象，函數則是一種關係。在概念文字中引入函數和自變元，以此來刻畫句子中主詞和謂詞的關係，從而產生重要結果。由於自變元是可替代的，因此可以通過替代自變元來更好地表述和研究普遍性。弗雷格以此建立了量詞理論。

弗雷格引入函數和自變元並以此建立了量詞理論，具有極其重要的意義。第一點意義是解決了傳統邏輯對句子邏輯結構的分析處理中的一些問題。

1.單稱命題的問題

亞里士多德在探討命題的問題時，區別出單稱命題和普遍命題，然後在普遍命題中區別出全稱命題和特稱命題。他論述了全稱命題和特稱命題之間的幾種關係，他也論述了單稱命題的形式：肯定形式和否定形式，以及它們之間的關係。但是在他的早期的邏輯理論即四謂詞理論中，卻排除了單稱命題，因此探討的謂詞與主詞之間關係都是類與類之間的關係；在他的晚期的邏輯理論即三段論中，也排除了單稱命題，因此其各三段論式中命題的主詞都是類概念⑮。

到了中世紀，「凡人皆有死，蘇格拉底是人，所以蘇格拉底

⑮ 王路，頁48—58；頁137—141。

有死」這樣的三段論已經廣爲使用。其中,「蘇格拉底是人」是單稱命題,這類三段論在亞里士多德的三段論系統中是沒有的。然而中世紀邏輯學家雖然詳細探討各類命題,卻不區別單稱命題和一般命題的邏輯形式。雖然專名出現在剛才那個三段論式中不會出問題,可是出現在其它一些式的時候卻是會出問題的⑯。

萊布尼茲也探討了單稱命題的形式。他認爲單稱命題具有普遍命題的形式。一個單稱命題在形式上可以等同於一個全稱命題,也可以等同於一個特稱命題。比如當一個專名「彼得」出現時,它等同於「每個彼得」和「一些彼得」。這樣,全稱命題和特稱命題重合了。萊布尼茲的解釋暗含著一個重要思想,即可以把單稱命題同化於全稱命題。但是根據他的解釋,由於單稱命題也等同於特稱命題,因此可以把「彼得嫉妒喬治」等同於「每個彼得嫉妒一些喬治」,這樣它就具有「每個人嫉妒一些人」這種形式,顯然這是有問題的。

從以上可以看出,單稱命題在傳統邏輯中實際上沒有得到解決。但是弗雷格的概念文字,尤其是引入了函數和自變元,很好地解決了這個問題。根據弗雷格的觀點,一個概念是一個函數,由於函數是不完整的,要以自變元來補充,因此概念也是不完整的,要以個體的名稱或表示個體的東西來補充完整。因此一個表示性質的句子是一個帶自變元的函數,構成這個句子的詞分爲兩類,一類詞決定句子的結構,叫做函數表達式,另一類詞不決定句子的結構,是名字或表示個體的東西。比如說,「張三有死」,可以表述爲:

---

⑯ 王路,頁154—156。

$\vdash$ F(a)

對於「凡人皆有死」，可以表述爲:

$\vdash \forall x(Fx \rightarrow Gx)$

在這兩個不同形式的命題的表達中，F(a) 是一個函數表達式，F(x) 也是一個函數表達式；a是名字，x是表示個體的東西。這樣，單稱命題和普遍命題在形式語言中都得到正確的處理。

2.關係命題

自亞里士多德以來，直到傳統邏輯，對於關係命題都無法清晰的表達。例如「賈寶玉愛林黛玉」這個句子，一般只能處理成「賈寶玉是愛林黛玉的」，這裡「賈寶玉」是主項，「林黛玉」是謂項，「是」是連項；「山東在河北與江蘇之間」這個句子，一般處理爲「山東是在河北與江蘇之間」，這裡「山東」是主項，「在河北與江蘇之間」是謂項，「是」是連項。這種處理方式和性質命題的處理方式是一樣的，對關係性質則沒有反映出來。而按照弗雷格的形式語言的方式，卻很容易處理這樣的問題。比如第一個句子可表述爲:

$\vdash$ R(a, b)

它的意思是說 a 和 b 有 R 關係。第二個句子可以表述爲:

$\vdash$ R(a, b, c)

它的意思是說，a、b、c 三者之間有 R 關係。同時可以看出，R(a, b)，R(a, b, c)仍是函數表達式。

3.對量詞的分析

亞里士多德區別出全稱命題和特稱命題，傳統邏輯繼承了這種成果。根據這種分析，可以論證全稱和特稱命題之間的一些邏輯關係，特別是對當關係。但是它對於一個命題（無論是全稱還是特稱的）本身的量詞卻沒有提供令人滿意的說明。

中世紀的指代理論在這方面有很大進展。比如，「人是動物」這個命題。用人稱指代來區別，它的周延而模糊的指代是：「每一個人是動物」，假定它的所指範圍是三個個體的人，a、b、c，那麼這個命題指：「a是動物並且b是動物並且c是動物」，即一個全稱命題相應於一個合取的單稱命題表達式；它的確定的指代是：「有一個人是動物」，假定它的所指範圍與上相同，那麼這個命題指：「a是動物，或b是動物，或c是動物」，即一個特稱命題相應於一個析取的單稱命題表達式。這種分析不僅是對量的刻劃，用現代邏輯的觀點看，這也是一種眞值函項理論。但是這個理論有個缺點，它的處理辦法依賴於它假定的範圍，因此這個理論總要從具體的某一範圍出發，從而這個理論不能是完全的。按照弗雷格的方式，對量的刻劃和表述是很容易的。比如對「每一個人是動物」這個命題，可以表示爲：

$$\vdash \forall(Fx \rightarrow Gx)$$

讀作：對每一個x而言，如果x是F，x就是G。F(x)和G(x)是函數表達式。

對「有一個人是動物」這個命題，可以表示爲：

$$\vdash \exists x(Fx \wedge Gx)$$

讀作：存在一個x，x是F並且x是G。這裡，F(x)和G(x)依然是函數表達式。

除了對命題一般量詞的分析外，對重疊量詞的分析，尤其是對表述比較複雜的關係命題的量詞的分析，傳統邏輯往往顯得束手無策。比如對「所有候選人都有人選舉」這個命題，傳統邏輯可以說它是一個全稱命題，但是對量詞的分析是不清楚的。按照弗雷格的方法，則可以清楚地分析為：

$$\vdash\forall x\exists y(Fx\wedge Gy\rightarrow R(y, x))$$

讀作：對所有x而言，存在一個y，如果x是F並且y是G，那麼y和x有R關係，這裡，R(y, x)也是函數表達式。在涉及到複雜關係的命題推理時，按照弗雷格的表述方式進行分析，優越性就更加明顯。

弗雷格引入函數和自變元並以此建立了量詞理論的第二點意義是，對命題的邏輯結構提出了新的解釋。傳統邏輯對命題的邏輯結構的解釋遵從語法形式。它對命題的主項、連項、謂項的分析是按照印歐語系語言的主語、系詞表語的語法形式區分的。因此，命題的語法主語也是邏輯主項，命題的語法表語（賓語）是邏輯謂項，命題的語法系詞是邏輯連項。比如「凡人皆有死」這個命題的邏輯形式是「所有S是P」，這和語法形式是一致的。

弗雷格的解釋打破了自然語言的束縛，拋開了自然語言的語法形式。由於在數學中自變元是個體，因此在把自變元引入命題的分析後，也把個體引入命題。讓我們重新看一看前面說過的幾種命題表達形式：

單稱命題：$\vdash F(a)$

關係命題：$\vdash R(a, b)$

全稱命題：$\vdash\forall x(Fx\rightarrow Gx)$

特稱命題：$\vdash\exists(Fx\rightarrow Gx)$

在這些命題中，a、b是主語；a有性質F；a和b有R關係。x是主語；對於所有x而言，如果x是F，x就是G；存在一個x，x是F並且x是G。而且a、b和x都是表示個體。因此按照弗雷格的解釋，命題的邏輯主語總是個體。

由於在數學中函數是不完整的東西，因此把概念看作函數時，就決定了把概念只能看作是對個體的東西的說明，或者說，要以個體的東西來補充。比如在上述命題表述形式中，F、G總是與a或x結合在一起。這樣的分析一方面可以通過概念使對象與眞值聯繫起來，另一方面可以揭示命題中的表示性質、表示關係等等不同的邏輯結構。

自亞里士多德創立邏輯這門科學以來，邏輯爲哲學提供了有力的武器。人們一直把邏輯看作是研究思維形式及其規律的科學，認爲邏輯是適用於普遍思維的便利工具。但是，在弗雷格以前，由於邏輯用自然語言表述，由於邏輯學和心理學、認識論等哲學內容混在一起，阻礙了它的發展，使它發展極爲緩慢。在邏輯發展史上，弗雷格的《概念文字》是光輝的里程碑。它標誌著現代邏輯的開端，它爲邏輯提供了一種可以精確表述推理形式的形式語言，這是一種用關係符號補充數學形式語言而構造的邏輯的形式語言，它爲人們提供了一套構造形式語言的方法，從而使邏輯走上形式化的道路。自弗雷格以來，在不到100年左右的時間裡，邏輯有了長足的進步。《概念文字》發表後僅僅30年左右的時間裡，羅素和懷特海出版了《數學原理》（1910—1913），使一階邏輯逐漸完善。在以後的年代裡，數理邏輯發展極快，形成了證明論、公理集合論、遞歸論和模型論這四門獨立的科學；在哲學邏輯方向，形成了模態邏輯、時態邏輯、道義邏輯、認知邏輯、還有命令句邏輯、問句邏輯等等。

此外，由於使用形式語言和數學方法而獲得成功，邏輯這門科學眞正從哲學分裂出來，成爲一門完全獨立的科學並且應用的範圍越來越廣。今天，邏輯不僅應用於數學基礎的研究，而且應用於哲學、語言學、自然科學、工程技術、人工智能等領域。由於使用形式語言而產生的這種變化和發展，邏輯已經成爲一門與數學相似的基礎性科學，它爲各學科提供了一種普遍性的具有工具性質的語言，因此也越來越受到人們的重視。正像弗雷格在論述概念文字時所說的那樣，「我已經嘗試用邏輯關係符號補充數學形式語言，這樣由此出現了一種首先用於數學領域的、正像我描述的那樣的理想的概念文字。由此並不排除我的符號用於其它領域。邏輯關係到處反復出現，人們可以這樣選擇表示特殊內容的符號，使得它們適應觀念文字的框架。無論現在出現還是不出現這種情況，對思維的一種直觀描述畢竟有了一種超出數學範圍的意義。因此哲學家們也想重視這個問題！」⑰

在弗雷格以前，哲學家們探討世界，探討認識世界的方法，也探討過表達認識的語言。但是自弗雷格以來，語言分析才逐漸成爲哲學的重要的問題之一，吸引了一大批哲學家，形成了一種哲學流派，產生了一系列理論成果，其影響在二十世紀哲學中幾乎處處可見。而這一切幾乎都可以在《概念文字》中尋找根源。

我們看到，弗雷格明確地論述了語言的不完善性。他的語言分析的思想，他構造的概念文字，對羅素、維特根斯坦產生極大影響。弗雷格後來寫了一系列論文，探討概念和對象、意義和意謂的區別；探討思想、思想結構、思想的普遍性問題。他的這些討論對現代哲學產生了極大的影響，因爲他幾乎提供了一系列術語和分析方法。不僅這些術語和方法爲人們所用，而且人們討論的許多問題都要追溯到弗雷格的這些討論。但是應該看到，弗雷格的所有這些思想，在《概念文字》中都已有了發端。例如對概

⑰　弗雷格，頁42—43。

念和對象的分析和區別。弗雷格的基本思想是，概念是函數，對象是個體，概念是不完整的，對象是完整的，概念要以對象來補充，這樣概念就與眞值聯繫起來，因爲以對象補充概念所得到的實際上是句子，而句子是有眞值的。這一思想實際上就是概念文字中引入函數和自變元這一思想的發展。又比如對意義和意謂的論述。弗雷格的基本思想是，句子的意義是它的思想，句子的意謂是它的眞值。但是正像他自己所說，意義和意謂的區別是從概念文字中的可判斷內容發展起來的。在論述句子的意義和意謂時還談到相等問題，而這個問題最初是由概念文字中的「內容同一」這個問題引起的。這樣，我們就不能把《概念文字》看作是一部僅僅對邏輯才有意義和貢獻的著作。我們不僅應該認識到它對邏輯的重要性，還應該認識到它對於哲學的重要性。這是因爲弗雷格的所有思想成就都是以它爲基礎，都是與它緊密結合在一起的。一旦我們承認弗雷格的思想對於當代哲學具有十分重要的影響，那麼在這一點上，概念文字的意義就是不言自明的。

第三章　算術基礎

弗雷格一生中最大的心願就是實現從邏輯推出數學這一目標，後人把這稱之爲邏輯主義。爲了實現這一目的，弗雷格做了三步努力。第一步是在1879年完成了《概念文字》，構造了一種形式語言，建立了一階謂詞演算系統。這樣他就有了一個有力的工具。第二步是在 1884 年完成了《算術基礎》，對於「數」這個概念進行深入的探討，同時試圖以定義的方式說明什麼是數，什麼是 0 和 1，什麼是後繼。這樣就完成了構造算術形式系統的準備工作。第三步是1893年寫下《算術的基本規律》並發表第一卷，此後又於1902年發表了第二卷，構造了算術的形式系統。

弗雷格的《概念文字》是一部劃時代的著作，也是弗雷格一項成功的創造性的工作。因此，他的第一步努力是成功的。在《算術基礎》中，弗雷格爲數學基礎的邏輯說明提供了非形式的解釋和哲學的辯護。他批評了康德、穆勒等唯理主義者、經驗主義者以及其他一些人關於數的錯誤認識，闡述了自己關於算術的理論。他探討了什麼是數，試圖用邏輯方法定義了 0、1和後繼。這些討論產生了十分重要的結果。《算術基礎》被人們稱讚爲是「弗雷格的傑作，這是他最有力的、思想最豐富的哲學著作」❶，是「所有哲學論著中最傑出的精短著作之一」❷。因此他的第二步努力也是成功的。《算術的基本規律》是弗雷格最長的著作，也是他沒有完成的著作。由於羅素發現了悖論，弗雷格構造的邏輯系統的基礎部分產生了問題，從而宣告了邏輯主義的失敗。因此，弗雷格的第三步努力沒有成功。在這一章，我們主要論述他的《算術基礎》。

一、什麼是數

討論數有不同的方法。經驗主義者從感覺經驗出發探討數這一概念。唯理主義者從主觀表象出發探討數這一概念。總之，他們各自都有自己的方法。弗雷格與他們不同。他在《算術基礎》中探討數，主要有兩方面的工作。他首先批評了關於數的各種錯誤的觀念，然後提出自己關於數的理論。爲了這些工作，他首先確定了自己的方法，提出了三條基本的方法論原則:

(1) 要把心理學的東西和邏輯的東西、主觀的東西和客觀的東西明確區別開來。

(2) 必須在句子聯繫中研究語詞的意謂，而不是個別地研究語詞的意謂。

(3) 要時刻看到概念和對象的區別。

第 (2) 條原則被人們稱爲語境原則。由此出發，決定了弗雷格的獨特方法是從語言出發，分析數在語言中的表現方式，以此說明數的性質。

在語言中，數一般有兩種形式， 一種是作專名出現， 比如

---

❶ M. Dummett.〔e〕p.1.

❷ C. Wright, IX.

「2是素數」。這種形式一般不會造成誤解，它比較容易使我們相信數是個體的對象。弗雷格認爲，數詞是專名。每一個數詞表示一個具體的對象。除了從以數詞作專名的句子可以看出這一點以外，比如「2是素數」，「2＋2＝4」，還可以從定冠詞看出這一點。從語言形式看，在0、1這樣的數詞上可加上定冠詞。弗雷格說：「人們說『一這個數』(die Zahl Eins) 並且以這裡的定冠詞意謂科學研究的一個確定的唯一的對象。沒有不同的數一，而是只有一個。我們以1得到一個專名」❸。在弗雷格的思想中，定冠詞是專名的一種標誌。定冠詞加上一個名詞後就表示一個專名，意謂一個對象。他的這種觀點是一貫的，始終沒有改變。在談到專名和概念的區別時，他說，只有帶定冠詞或指示代詞，一個概念詞才能被看作一個事物的名字，但是正由於這樣，它再也不能被看作概念詞。比如德文中「Mond」這個詞，加上定冠詞「der Mond」，就是一個專名，意謂「月亮」；不加定冠詞，它就是一個概念詞，意爲「衞星」。

在語言中，數還有另一種形式，這就是作形容詞定語。比如我們說「三人同行」，「四朵紅花開了」。這種情況可能誘使人們認爲數類似於紅的、硬的、重的這些形容詞，因此和這些形容詞的作用一樣，表示外界事物的性質。經驗主義者認爲，獲得顏色、重量等概念需要一個抽象過程，這些概念是從外界事物抽象來的，由此也可以把數看作是對外界對象的抽象。

弗雷格認爲，數與顏色、重量、形狀等等是不同的。比如我們說一棵樹有 1000 片綠葉。綠色是每片葉子都有的性質，1000

---

❸ Frege,〔e〕p. 51.

卻不是每片葉子的性質。這裡的區別在於，顏色、形狀、重量等等是事物的性質，數卻不是事物的性質。顏色、形狀、重量這些東西有客觀外界的載體，數卻沒有這樣的載體。我們可以用手指著一片有色平面，卻不能用手指著個別的數。弗雷格認為，我們把什麼賦予事物取決於我們的思考方式，這種方式與考慮事物的顏色、形狀或重量不同。比如，我們既可以說〈伊利亞特〉是一首詩，也可以說它是24卷書，還可以說它是大量的詩句。因此，把數與事物聯繫起來，依賴於我們的理解。這裡與我們的理解相關的是回答「多少？」這個問題。「多少？」這個問題是不完整的，多少「什麼」呢？而在「什麼顏色？」和「有多重？」這樣的問題中卻不會有這種不完整性。只有在相關語境中理解了或說明了「多少什麼」這個問題之後，才能理解並明確「多少」這個問題。因此「數」是與「多少」這個問題相關的。

經驗主義者還認為，數這個概念是從物理事物抽象得來的，因此基本上可以應用於物理事物。但是數的應用可以擴展到更寬泛的領域，包括事件、證明、數本身；等等。弗雷格反對這種觀點。他認為如果一個概念是從處於一定範圍內的事物抽象而得，那麼就不可能有意義地應用於處於這個範圍之外的事物。比如，我們從感覺到的血，熟西紅柿等物抽象出「紅的」這一概念，我們卻不能有意義地說「紅的數」、「紅的表象」，等等。

與經驗主義者相反，主觀主義者認為，數完全是心靈的創造。隨著心靈以不同方式組合其觀念，單位發生變化，而且正像單位發生變化一樣，僅是單位聚合的數也發生變化。一個窗戶＝1；一間有許多窗戶的房子＝1；許多房屋構成一個城市。弗雷格認為，這種觀點最終導致把數看作某種主觀的東西，由此勢必進行心理學的研究。而這恰恰與他的方法論原則之一——必須區別邏輯的與心理學的東西——相矛盾。弗雷格認為,數不是心理學的對象,也不是心理過程的結果,從心理過程的無法了解數的任何性質。數雖然不是外界事物,但是也不是主觀事物,數「是某種客觀的東西」❹。按照傳統的思維方式,事物區分為客觀事物與主觀事物。客觀事物是憑感官可以感覺的,主觀事物不是憑感官可以感覺的。而在弗雷格這裡,又區分出「客觀的東西」。對此,他進行了說明:「我把客觀的東西與可觸摸的東西、空間的東西或現實的東西區別開。地軸、太陽系的質心是客觀的,但是我不想把它們像地球本身那樣稱為現實的。人們常常把赤道叫作一條想到的線,但是若把它叫作一條臆想的線就會是錯誤的;它不是通過思維而形成,即不是一種心靈過程的結果,而僅僅是通過思維被認識到,被把握的」❺。

從這一段話可以看出,弗雷格區別出客觀事物和客觀的東西,還區別出思維過程和通過思維過程而認識和把握的東西。客觀外界的事物是客觀的,而客觀的東西卻不必是客觀外界的事物。客觀的東西不是由於我們的思維活動而產生的,而是通過我們的思維活動來認識和把握的。數既不是客觀外界的事物,也不是主觀的表象,而是不可感覺的和客觀的。這裡弗雷格實際上已區別出除客觀世界和主觀世界以外的另一世界。數這樣的對象就屬於這一世界。但是他沒有明確地說這一世界是第三種範圍。他的這一觀點和思想在後來得到進一步的詳細論述(詳見第六章思想)。

此外,弗雷格還詳細論述了有關數的一些問題:比如數不是通過把一事物加到另一事物上而形成的;「多」、「集合」等等表

❹ Frege, 〔e〕 p. 39.
❺ Frege, 〔e〕 p. 40.

達是不確定的，因而不適合用來解釋數；一和單位是不同的，其間有許多區別。通過對別人關於數的觀點的分析和批判，弗雷格得出了一些重要結論：

(1) 數不是外界事物的性質。

(2) 一般的數概念和個別的數概念都不是像古典經驗主義者認爲的如同獲得顏色、形狀和重量等概念那樣通過抽象方法得到的。

(3) 數不是主觀的東西。雖然數不是物理的東西，但是這絕不意味著數是心靈的或主觀的實體。

但是，這些結論並沒有說明數是什麼。用弗雷格的話說，「依然有一個問題：通過給出一個數，人們對什麼做出陳述呢」❻？於是弗雷格用自己的方式通過舉例回答這個問題。

假定我們面前有一群士兵。我們可以說：①「這裡有 4 個連」；我們也可以說：②「這裡有 500 人」。這兩種說法都對。但是這兩種說法卻不相同。弗雷格說：「這裡發生變化的既不是個別的東西，也不是整體，即集合，而是我用的稱謂。然而這僅僅表明是一個概念替代了另一個概念」❼。爲什麼弗雷格說是以一個概念替代了另一個概念呢？首先，①和②發生了變化。那麼是什麼發生了變化呢？顯然不是我們面前的士兵。發生變化的是我們使用的表達。最明顯的變化是①中的「4 個連」這個詞在②中變成了「500人」。再仔細分析一下，就會看到，「4 個連」是一個帶有數詞「4」的概念詞「連」，「500人」也是一個帶有數詞「500」的概念詞「人」。既然變化的是說法（弗雷格的稱謂），而且是在

---

❻ Frege,〔e〕p. 59.
❼ Frege,〔e〕p. 60.

這兩個詞上面，因此實際上是概念詞發生了變化。由此弗雷格提出他的一個著名論題：

數的給出包含著對一個概念的表達❽。

這也就是說，說出一個數，實際上表達了一個概念的某種情況。比如說：「金星有 0 個衞星」這個句子說明「金星的衞星」這個概念的某種情況，即它不包含任何東西，亦即處於這個概念之下的對象是沒有的。可以說：「金星的衞星是 0 個」。又比如，「皇帝的御車有 4 匹馬拉」，這個句子說明「拉皇帝御車的馬」這個概念的某種情況，即處於它之下的對象是 4 個，可以說：「拉皇帝御車的馬有 4 匹」。

從弗雷格的論述我們可以看出，數表達的不是對象的性質，而是概念的性質。根據他的思想，第一層次的概念或性質是應用於對象的，而第二層次的概念卻應用於第一層次的概念或性質。因此給出一個數實際上是對第一層次的概念做出說明，或者說把第二層次的概念所表達的東西賦予第一層次的概念。在一個給出數的陳述中，代表所賦予的性質的東西不是數詞本身，而是整個第二層次的謂詞，比如，「……有 4 匹」，「……有 0 個」。這樣，當我們說「皇帝的御車有 4 匹馬拉」時，賦予「拉皇帝御車的馬」這個概念的性質就是「有 4 匹」。

由此得出數的一個重要性質：概念是數的承載者。弗雷格說：「數被賦予的僅僅是那些把外在和內在的東西、時空和非時空的

❽ 同❼。

東西置於其下的概念」❾。這一結論十分重要。它使弗雷格能夠解釋數的普遍可應用性。我們可以思考的任何東西，無論有沒有時空位置，都處於某個概念之下，因此可以被計數或賦予數。

值得注意的一點是，弗雷格在《算術基礎》中還沒有像後來在〈函數和概念〉中那樣明確地把概念看作函數，並用這一思想來詳細地分析句子的結構，他只是區別出數是第二層次的概念或性質，所指派的對象是第一層次的概念或性質。但是這一分析絕不是簡單的。它所依據的不僅僅是對語言的分析，而且有《概念文字》中引入函數時所闡述的思想。根據概念文字的思想，函數以個體爲自變元，量詞以函數爲自變元，因此函數是第一層次的，量詞是第二層次的。後來在〈函數和概念〉、〈論概念和對象〉中，弗雷格把概念看作函數，明確地分析了語言中量詞的情況。論述了「對任何事物而言」這樣的全稱量詞。他稱這樣的量詞是第二層次的。實際上，弗雷格關於數的論述與這些思想是一致的。從他的思想我們可以看出，在語言中，無論是具體的數，1,2,3,……，還是像「所有」、「每一個」這樣的量詞，當它們與概念詞結合在一起使用時，都表達了對概念的斷定。由此可以看出，語言表達中的一種層次的區別是由表示數量的詞爲標誌的。而這種區別是由弗雷格揭示的。關於這一點，我們在第四章探討概念和對象時，在第六章探討思想時，還將深入討論。

二、定義0、1和後繼

在說明了數是第二層次的概念，數的給出包含著對概念的表

❾ Frege,〔e〕p. 62.

達之後，弗雷格根據這種觀點表達了關於0、1和後繼的三個定義。

0＝「無論a是什麼，如果a不處於一個概念之下這個句子是普遍有效的，那麼0這個數就屬於這個概念」⑩。

1＝「無論a是什麼，如果a不處於一個概念之下這個句子不是普遍有效的，並且如果從『a 處於F之下』和『b 處於F之下』這兩個句子普遍地得出a和b相同，那麼1這個數就屬於F這個概念」⑪。

n＋1＝「如果存在一個對象a，它處於概念F之下並且具有這樣的性質，使得 n 這個數屬於『處於 F 之下，但不是 a』這個概念，那麼（n＋1）這個數就屬於這個概念」⑫。

我們用F代表一元謂詞，用 NxFx 表示弗雷格說的「屬於F這個概念的數」或者簡單地說，「F的數」，這樣我們就可以把這三個定義依次表達如下：

(1) NxFx=0 表示：$\forall x \sim Fx$

(2) NxFx=1 表示：$\sim\forall x\sim Fx \wedge \forall x\forall y(Fx\wedge Fy\rightarrow x=y)$

(3) NxFx=n+1 表示：$\sim\forall x\sim(Fx\wedge Ny(Fy\wedge y\neq x)=n)$

但是弗雷格對這三個定義不滿意，提出了兩點反對意見。首先他認爲，這些定義不能使我們「判定，凱撒大帝這個數是否屬於一個概念，這位著名的高盧征服者是不是一個數」⑬。然後他

---

⑩ Frege,〔e〕p. 66.
⑪ 同⑩。
⑫ 同⑩。
⑬ Frege,〔e〕p. 67.

認爲，這些定義「不能證明，如果a這個數屬於F這個概念，並且如果b這個數也屬於這個概念，那麼必然 a=b」⑭。表面上看，他的第一個反對意見很有些奇怪，凱撒大帝和數有什麼關係呢？儘管弗雷格也說這是個「極端的例子」，但是他的說法確實給人們的理解造成很大的困難。達米特認爲，弗雷格的這個反對意見闡述得很差，所用語言極不恰當，「任何第一次讀這本書的人也不會認爲這段話多麼有意義，更不用說恰當了」⑮。此外，弗雷格的第二個反對意見似乎也不是十分清楚。如果從a這個數屬於F這個概念和b這個數屬於F這個概念這兩個前提出發，難道不能直接得出 a=b 嗎？問題恰恰在於，若想得出這樣的結論，還需要另一個前提，即這兩個前提必須是同一的或相等的。而以上定義並沒有說明這一點。正像弗雷格指出的那樣，這些定義只是解釋了「0這個數屬於」和「1這個數屬於」這些談論方式的意義，但是並沒有把0和 1 作爲獨立的、可重認的對象加以區別⑯。若是把這兩個反對意見聯繫起來看，似乎可以得出這樣的理解。第一個反對意見是說，由於這些定義沒有把數字作爲眞正的單稱詞來使用，也沒有把 0、1 確定爲獨立的、可重認的對象，因此我們無法確定一個確定的數，從而無法確定凱撒大帝是不是一個數。第二個反對意見是說，由於同樣的原因，我們也無法重新認出一個數，從而無法確定一個數與另一個數是不是同一的。按照弗雷格的思想，應該把數詞理解爲代表獨立的對象，把一般的數理解爲類概念，這樣就要求描述處於數這個概念之下的

⑭ 同⑬。
⑮ Dummett, 〔e〕 p. 101.
⑯ Frege, 〔e〕 p. 67.

對象的同一和差異的條件，從而提供「一種把握一個確定的數和重新認爲它是相同的數的手段」⓱。這樣，弗雷格就由對前面三條定義不滿意，進而探討數的同一條件，即表示相等的命題。

弗雷格從休漠的一個論題出發。這個論題有時被稱爲休漠原則。它的意思是說，屬於F的數與屬於G的數是相等的，當且僅當F和G是一一對應的。弗雷格認爲，由此出發，「數的相等必須借助一一對應來定義」⓲。對於這一點，人們可能會反對說，相等關係並不僅僅在數出現，而且也在其他種類的事物出現，因此不應該賦予它一種專門應用於數的意義。弗雷格認爲，關鍵不在於這裡，而在於數這個概念。「我們的目的是構造一種判斷內容，可以把這種判斷內容看作這樣一個等式，它的每一邊都是一個數。因此我們不想專爲這種情況解釋相等，而想用已知的這個相等概念獲得被看作是相等的東西」⓳。就是說，這種反對意見說明了對借助一一對應來定義數的相等這一思想的一種誤解。問題不在於定義數的相等的一種特殊意義，而在於認可相等這一概念，並由此出發確定「…＝…」這樣形式的句子的意義。弗雷格通過下面的例子解釋了這裡的思想。

例如，我們用「a//b」這個符號表示「線a與線b平行」。假定我們已經知道「平行」是什麼意思，就可以引入「方向」的概念，可以說:

「線a與線b平行」

這個句子與

⓱ Frege,〔e〕p. 71.
⓲ 同⓱。
⓳ 同⓱。

「線 a 的這個方向與線 b 的這個方向相同」

的意謂相同。在這個句子中，a 的方向帶有定冠詞，因而表明一個對象，所以 a 的方向作爲對象出現。於是通過這個定義就獲得重認這個對象的一種手段。如果這個定義是正確的，那麼就應該可以處處以「b 的方向」替代「a 的方向」。

但是在這裡弗雷格提出質疑。他說，以此還「不能判定英國與地軸的方向是不是相同的」⑳。這裡還缺少「方向」這個概念。這說明，這類定義使我們能夠限定一些命題的眞值，比如關於方向，但是對於其他一些種類的命題就無能爲力。當「＝」處於表示方向的詞之前時，比如說「a 這個方向＝b 這個方向」，沒有什麼問題。但是有些東西我們就無法確定，比如說英國是不是一個方向。這裡又使我們想起弗雷格前面提到的「凱撒大帝」的問題，我們無法確定凱撒大帝是不是一個數。這實際上是同一類問題。根據一一對應，我們可以判定「餐桌上盤子的數＝餐桌上刀子的數」、「手指的數＝腳指的數」，但是我們的無法判定「太陽系行星的數＝凱撒大帝」。

由於以上方法不能令人滿意，弗雷格轉而嘗試另一種方法。他說：「如果 a 這條線與 b 這條線相等，那麼『與a這條線平行的線』這個概念的外延就與『與 b 這條線平行的線』這個概念的外延相等；反之，如果所述這兩個概念的外延相等，那麼 a 與 b 平行。因而讓我們嘗試著解釋如下：

a 這條線的這個方向是『與 a 這條線平行』這個概念的外延」㉑。

---

⑳ Frege,〔e〕p. 75.
㉑ Frege,〔e〕p. 76.

這裡特別值得注意的是弗雷格採用了「外延」這一概念，因而把這一概念引入了數的定義：

「屬於F這個概念的數是『與F這個概念等數的』這個概念的外延」㉒。

弗雷格認爲，引入「外延」概念的解釋是合適的。他的理由有兩個：⑴人們用外延這個概念表示相等，⑵人們用外延這個概念表示一個比另一個更寬泛。根據「相等」的解釋：

「『與F這個概念等數的』這個概念的外延與『與G這個概念等數的』這個概念的外延相等」

這個句子是眞的，當且僅當：

「同一個數屬於F這個概念，同樣屬於G這個概念」

這個句子也是眞的。因此外延的解釋與弗雷格所需要的解釋是完全一致的，而且在討論數的情況，也不會出現「更寬泛」這類問題。

引入了「外延」這個概念之後，就理解了「屬於F這個概念的數」。這裡還需要解釋或定義一一對應。弗雷格通過一個例子說明了這一點。一個服務員在餐桌上擺放餐刀和盤子，爲了確信餐刀和盤子的數量一樣，他不用一個一個地數餐刀和盤子，只要在每一個盤子的右邊放一把餐刀，使桌上每一把餐刀都放在盤子的右邊。這樣盤子和餐刀就通過相同的位置關係成爲一一對應的。弗雷格說：「如果我們在

『a放在A的右邊』

這個句子中，考慮用不同的對象代入a和A，那麼這裡保持不變的內容部分就構成這種關係的本質」㉓。所謂不變的部分就是

㉒ 同㉑.

㉓ Frege, 〔e〕 p. 78.

『…在…的右邊』

這實際上是一個關係概念。它表達的是

『a和b有ψ關係』

這樣一個涉及a和b兩個對象的句子的最基本的形式。這個關係概念本身就像一個簡單概念那樣沒有意義，「它總是需要得到補充才能成爲可判斷的內容」㉔。這裡弗雷格顯然還沒有像後來那樣明確地使用「函數」這一術語。但是他的基本思想是一樣的。概念是不完整的，對象是可替代的，概念通過對象的補充才成爲完整的。而且，這裡最重要的是他由此把關係概念表述爲純邏輯概念。「這裡考慮的不是關係的特殊內容，而僅談邏輯形式。而且關於這種邏輯形式可以談論的是：它的眞是分析的，並被看作先驗的」㉕。

由此可以說，如果每個處於F這個概念之下的對象與一個處於G這個概念之下的對象有ψ這種關係，而且如果一個處於F之下的對象對每個處於G之下的對象有ψ關係，那麼處於F和G下的對象就通過ψ關係相互對應起來。

在這種情況下，一一對應的關係就化歸爲純邏輯關係。於是我們可以定義：

「F這個概念與G這個概念是等數的」

這個表達與

「存在一種關係R，它使處於F這個概念之下的對象與處於G下的對象相互一一對應」

這個表達的意謂相等。由此弗雷格得到了對於數這個概念的解釋。

㉔ 同㉓。
㉕ 同㉓。

這樣，由於引入了外延概念，弗雷格把數定義爲某種處於等數關係之下的等價類。雖然在《算術基礎》中弗雷格很少採用外延這個概念，他只是到了《算術的基本規律》中才隨意地使用這個概念。但是正由於這個概念，他在後來構造的邏輯體系裡面產生了悖論。

三、邏輯主義

對弗雷格來說，算術是關於數的理論，不僅包括自然數，即0,1,2……等等，而且包括實數（即有理數、分數、以及無理數）、複數，甚至包括超窮數。在《算術基礎》結尾的幾節，弗雷格探討了關於實數、超窮數等問題，但是全書主要是探討與自然數有關的問題，特別是回答：什麼是數？

在弗雷格的討論中，有兩種主要思想和特徵，一種被人們稱爲柏拉圖主義，另一種被人們稱爲邏輯主義。我將在最後一章專門探討他的柏拉圖主義。這裡我主要探討他的邏輯主義。

邏輯主義並不是弗雷格使用的概念，而是後人用來命名他的一個十分重要的思想，即從邏輯推出數學。在《算術基礎》中，這一思想表現爲弗雷格試圖從邏輯推出算術。換言之，算術的眞命題可以化歸爲邏輯的眞命題。如果我們說得再具體一些，那麼就是可以不借助一般的感官知覺或純粹直覺，而是只通過概念思維，通過推理來獲得和認識算術眞命題。康德曾經把判斷分爲先驗的和後驗的，分析的和綜合的。但是在弗雷格看來，這些區分不應該與判斷的內容相聯繫。他認爲，一個命題是分析的，當且僅當可以純粹基於邏輯規律和定義轉換來證明它；先驗命題則是可以不訴諸「事實」，而專門從一般規律推出來的。由於訴諸邏輯規律，加上構成概念的定義，我們就可以證明分析命題的合理性，因此分析命題在這種意義上是先驗的。康德堅持認為，數學的眞命題，包括幾何學的和算術的眞命題都是先驗的和綜合的。弗雷格則認為幾何學是這樣，算術卻不是這樣的。他認為算術的眞命題是分析的。弗雷格的邏輯主義論證主要並不在於駁斥康德或其他人的觀點，而在於說明數是什麼，並且在這一基礎上證明數理論的一些基本問題，比如證明算術是分析的，即算術不過是純邏輯的定義擴展。

我們可以用相對直接的方法證明一些命題是分析的。例如我們可以簡單地證明下面這個句子：

「所有單身漢都是未婚的」

我們知道，

$$\forall x(Fx \to Fx)$$

是一階謂詞理論的一個眞命題。我們用「單身漢」這個謂詞代入F，就得到下面的句子：

「所有單身漢都是單身漢」

這是一個邏輯眞命題。根據下面的定義：

「單身漢＝未婚男子」

進行置換，我們就得到下面的句子：

「所有單身漢都是未婚男子」

這也是一個邏輯眞命題。我們還知道，

$$\forall x(Fx \to Gx \land Hx) \to \forall x(Fx \to Gx)$$

也是一階謂詞理論的一個眞命題。應用分離規則，我們就可以得到下面的句子：

「所有單身漢都是未婚的」
這樣就證明了欲證的句子。

應用這種方法雖然可以證明一些眞命題，但是不能證明所有算術眞命題，因爲算術眞命題很多，我們無法一條一條地給予窮盡的證明。因此，弗雷格爲了實現他的邏輯主義，必須設法證明幾條最基本的命題，由此出發可以證明其餘的眞命題。也就是說，他應該證明幾條具有公理性質的命題。在弗雷格時代，在關於自然數的理論中，具有公理性質的幾個命題顯然是皮亞諾公理。它們的表達如下:

(1) 0是一個自然數。

(2) 每一個自然數都有一個自然數作後繼。

(3) 不同的自然數有不同的後繼，並且反之亦然。

(4) 0不是任何自然數的後繼。

(5) 任何性質若是屬於0，因而也屬於它所屬於的任何自然數的後繼，那麼就屬於每個自然數。

在這五條公理中，公理(1)－公理(4)保證後繼關係是一一對應的，並且保證自然數構成一個以0開始的、無窮的、不重複的、不稠密的序列。公理(5)是數學歸納原則。我們可以把這五條公理表述如下:

(1) No

(2) $\forall x(Nx \rightarrow \exists y(Ny \wedge S(x)=y))$

(3) $\forall x \forall y(Nx \wedge Ny \rightarrow (x=y \leftrightarrow S(x)=S(y)))$

(4) $\forall x(Nx \rightarrow 0 \neq S(x))$

(5) $\forall F((Fo \wedge \forall x Sx \rightarrow (Fx \rightarrow FS(x))) \rightarrow \forall x(Nx \rightarrow Fx))$

這裡，「N」表示「自然數」，「S」表示後繼函數。在第(5)

條公理中，我們使用了二階量詞。如果像弗雷格認爲的那樣，邏輯包括二階邏輯，那麼顯然，在這五條公理中，非邏輯的初始符號只有3個，即「N」、「S」和「0」。也就是說，爲了邏輯主義這一目的，弗雷格首先必須定義這幾個符號，然後使用純邏輯符號加上這些定義來證明這幾條公理。當然，弗雷格在寫《算術基礎》的時候並沒有著手表述皮亞諾公理，因而也沒有明確地進行這樣的推導證明。但是他的工作恰恰反映了他向這一方向的努力。

讓我們來回顧一下。弗雷格在說明了數的給出包含著對一個概念的表達之後，首先定義了「0」、「1」和「後繼」。但是由於這些定義引入的並不是指稱個別數的詞，而是一系列第二層次的概念，比如「屬於概念F的0這個數」、「屬於概念F的1這個數」，等等，因此弗雷格對這三個定義不滿意，提出了反對意見。特別是他認爲這些定義無法使人判定凱撒大帝是不是一個數，無法使人判定一個數與另一個數是不是相等。於是他進而定義相等。他從休漠的論題出發，但是認爲以此仍然解決不了一些問題，正如我們分析的那樣，他實際上仍然認爲解決不了凱撒大帝是不是一個數的判定問題。於是他最終引入了「外延」這一概念。這樣就把「屬於F這個概念的數」定義爲「『與F這個概念等數』這個概念的外延」。這樣，借助「外延」這個概念的意義和人們對這個詞的理解，弗雷格認爲解決了0、1和後繼的定義問題。但是實際上，恰恰因爲引入「外延」這個概念，才導致他的形式系統中出現了悖論。

人們普遍認爲，邏輯主義失敗了，而且邏輯主義是不能成功的。這種觀點的論據主要有三個。第一，羅素在弗雷格的邏輯系統中發現了悖論，這就是著名的羅素悖論。第二，哥德爾提出了著名的不完全性定理，他宣告了邏輯主義的技術綱領注定要失效。第三，由於引入外延概念，把概念處理爲類，邏輯主義假定了邏輯包括集合論。但是現代集合論本身的發展表明，不應該把集合論看作邏輯的一部分，而應該把集合論看作數學的一個分支。因此，在集合論中發展數學的這種可能性並不能說明邏輯主義綱領的有效性。

關於羅素悖論，我們應該多說幾句。因爲羅素悖論的發現對弗雷格的打擊很大。弗雷格在《算術的基本規律》第二卷的附錄中說：「一個科學工作者最不想見到的事情，莫過於在他一件工作完成之後發現其基礎部分產生動搖。當這一卷的印刷即將完成時，羅素先生的一封來信就使我處於這種狀況」[26]。羅素悖論主要產生於弗雷格的公理V。爲了行文方便，我們用現代邏輯符號把弗雷格的公理V和由此得出的悖論簡單描述如下。

公理 V. $(\forall F)(\forall G)[\{x{:}Fx\}=\{x{:}Gx\}]\leftrightarrow(\forall x)(Fx\leftrightarrow Gx)$

這裡F代表任何概念。由此我們得出：

$$\{x{:}Fx\}=\{x{:}Fx\}\leftrightarrow\forall x(Fx\leftrightarrow Fx)$$

根據分離規則由此得出：

$$\{x{:}Fx\}=\{x{:}Fx\}$$

根據存在概括由此得出：

$$(\exists y)y=\{x{:}Fx\}$$

由於F可以是任何概念，通過引入二階量詞就得出：

$$(\forall F)(\exists y)y=\{x{:}Fx\}$$

---

[26] Frege, [d] p. 253.

最後這一條定理實際上是斷定：對任何概念而言，存在一個只含有所有處於這個概念之下的事物作元素的類。因此我們可以把F看作是「不屬於自身的」這樣一個概念。但是我們同時又有一條定理，它斷定存在一個只有所有不是自身元素的對象爲元素的類。我們把這個類稱爲R，即

$R = \{x: \sim x \in x\}$

現在問，R∈'R成立不成立？假定 R∈R' 成立。在這種情況下，R滿足R中分子的定義條件，但是這恰恰是說它不屬於自身，即 $\sim R \in R$。因此 $R \in R \rightarrow \sim R \in R$。由此得到 $\sim R \in R$。但是如果 $\sim R \in R$，那麼R滿足R中分子的充分必要條件，因此 $R \in R$。由此我們得到 $R \in R \wedge \sim R \in R$。這顯然是矛盾。

羅素持有和弗雷格同樣的邏輯主義觀點。他從著名的惡性循環原則出發，提出了解決這個悖論的方法，即類型論。但是他也沒有成功。因爲有了類型限制，就無法進行弗雷格的自然數的無窮性證明。

對於羅素悖論，賴特認爲：「羅素僅僅成功地發現了一個弗雷格不必使用的概念中的一個根本缺陷」[27]。他認爲，建立皮亞諾公理的證明，用弗雷格的方法根本沒有必要引入「外延」這一概念，從而本來是可以避免導致悖論的。實際上，弗雷格引入外延概念，是因爲對 0、1 和後繼所做出的定義不滿意，認爲他們解決不了判定凱撒大帝是不是一個數的問題。而當引入外延概念以後，他把數定義爲處於等數性這一關係之下的等階類，但是這樣並沒有解決凱撒大帝是不是數的判定問題。因爲在這種情況下，

---

[27] Wright, p. 131.

當我們問如何判定凱撒大帝是不是一個類時，這個問題又會出現。

值得注意的是，今天仍然有少數學者為弗雷格的邏輯主義辯護。賴特就是其中最主要的代表人物之一。他認為反對弗雷格的數理論的邏輯主義，以上得出的第一條和第二條理由都是很差的理由。按照他的觀點，弗雷格本可以避免導致悖論。此外，只有假定邏輯是完全的，哥德爾證明算術的不完全性才能表明邏輯主義注定失敗。正像哥德爾和許多邏輯學家證明的那樣，一階邏輯是完全的。但是邏輯並不僅僅是一階的。除非邏輯僅僅等於一階邏輯，否則我們就不能認為哥德爾的完全性定理是表明邏輯是完全的。實際上我們仍然可以問，算術理論的最根本的眞命題，即皮亞諾公理是否接受弗雷格相信的那種方式的證明㉘。

應該指出，弗雷格的邏輯主義的內容是十分豐富而複雜的。這裡涉及他的本體論，即數是對象這一觀點。正由於這種複雜性，才會產生不同的看法。因此對於邏輯主義不能簡單地一概而論，應該作深入地研究。不論弗雷格的邏輯主義成功也罷，失敗也罷，或者說它本可以成功也罷，根本就不能成功也罷，最重要的是我們應該看到，在弗雷格企圖實現邏輯主義綱領的過程中，有一些工作對我們仍然是十分有意義的。

首先，弗雷格定義了 0、1 和後繼，雖然他自己對這三條定義不滿意，但是它們實際上表明，我們能夠以邏輯詞匯來定義一系列表示數量的詞。所謂邏輯詞匯，就是說我們用量詞符號和等詞符號以及眞值函項符號。用這樣的方法表示的一系列確定的數量的詞可以寫成:

㉘　同㉗。

$\exists_0 x \cdots\cdots x \cdots\cdots,$

$\exists_1 x \cdots\cdots x \cdots\cdots,$

$\vdots$

$\exists_n x \cdots\cdots x \cdots\cdots$。

我們以這種方法可以重新表述弗雷格的三條定義。第一條定義是；恰恰存在0個F，它可以表述爲:

$\exists_0 xFx$ 或者: $\forall x \sim Fx$

第二條定義是: 恰恰存在1個F，它可以表述爲:

$\exists_1 xFx$ 或者: $\exists x(Fx \wedge \forall y(Fy \rightarrow y=x))$

第三條定義是: 恰恰存在 n+1 個F，它可以表述爲:

$\exists_n x+1Fx$或者: $\exists x(Fx \wedge \exists_n y(Fy \wedge y \neq x))$

這樣，這些定義表明數是二階概念。在這一點上，它與一般的量詞是一樣的。

其次，弗雷格的方法是有效的。他的這些定義使我們能夠把任何含有數字的命題轉化爲等價的不含數字的命題。例如「有3種基本顏色」這個句子。我們可以用「$\exists_3 xPx$」來表示。根據弗雷格的方法，我們可以把它寫爲:

$$\begin{aligned}\exists_3 xPx &\leftrightarrow \exists x(Px \wedge \exists_2 y(Py \wedge y \neq x)) \\ &\leftrightarrow \exists x(Px \wedge \exists y(Py \wedge y \neq x \wedge \exists_1 z(Pz \neq x \wedge z \neq y))) \\ &\leftrightarrow \exists x(Px \wedge \exists y(Py \wedge y \neq x \wedge \exists z(Pz \neq x \wedge z \neq y \\ &\qquad \wedge \forall u(Pu \wedge u \neq x \wedge u \neq y \rightarrow u=z))))\end{aligned}$$

根據這種方法，我們可以把在句子中作形容詞出現的數詞轉變爲名詞，並進一步用邏輯語言來刻畫它。比如「劉備有兩個兄弟」這個句子。第一步可以分析爲:

「劉備的兄弟的數是2」

在這個句子中，「是」是作等詞使用的。因此謂詞是:

「……是劉備兄弟的數」

我們可以把這個謂詞簡寫爲 P 。 這樣就可以 把這個句子重新寫爲:

$\exists_2 x Px$

再用上述方法就可以把它寫爲:

$\exists x \exists y (Px \wedge Py \wedge x \neq y \wedge \forall z (Pz \rightarrow z = x \vee z = y)$

這樣就消去了數詞，使我們的表達變爲純邏輯的表達。

最後，弗雷格說明數是對象，探討了數的相等這一問題。這實際上是從本體論的意義上說明了數與其他事物或性質的一個根本區別。像紅的、綠的、重的、輕的、硬的、軟的這樣的性質是從客觀外界的東西得到的，但是數與他們不同。雖然我們可以說 1、2、3……等等處於數這個概念之下，同樣，紅色、綠色、黃色……等等處於顏色這個概念之下。但是它們有根本的區別，這就是在數上可以有相等，在顏色上沒有相等，我們利用相等可以重認一個數，相等是個體之間的關係。這一點我們從弗雷格的論證可以十分清楚地看出來。

第四章　概念和對象

什麼是概念？什麼是對象？它們有什麼性質？它們之間有什麼關係？這些都是重要的哲學問題，既有本體論的意義，又有認識論的意義。弗雷格在《概念文字》、《算術基礎》、〈函數和概念〉、〈論概念和對象〉等論著中對它們進行了深入研究，揭示了它們的性質及相互關係。在弗雷格的論述中，有兩個十分突出的特點：(1)是他從數學中的「函數」出發來理解和探討概念和對象，因此對於函數的性質和特徵的探討和說明就十分重要，也就是說，對函數的理解十分重要；(2)一方面他借助函數和自變元揭示了句子的邏輯結構，另一方面，他從主詞和謂詞入手對概念和對象進行了探討，揭示了概念和對象的性質及其關係。這說明他對概念和對象的分析是與語言的分析結合在一起的。在這一章，我們就從這兩個特徵出發來論述弗雷格關於概念和對象的思想。我們首先論述他關於函數的思想，然後再論述他關於概念的思想。

一、函數和函數的擴展

在數學中有一種觀點認爲，「x 的一個函數指一個含 x 的公式」。弗雷格認爲，這種觀點不能令人滿意。因爲根據它，可以說「$2 \cdot x^3+x$」是x的一個函數，「$2 \cdot 2^3+2$」是2的一個函數，而這恰恰沒有區別形式和內容，沒有區別符號和符號所表示的東西。關鍵的東西不在於是寫下「$2 \cdot x^3+x$」這個公式，還是僅僅寫下「x」這個字母。實際上，應該認識到，「x」是一個自變元，人們用它表示一種普遍性。比如在

$$2 \cdot 1^3+1$$

$$2 \cdot 4^3+4$$

$$2 \cdot 5^3+5$$

這幾個表達式中，人們可以認出它們共同的東西。實際上，這種共同的東西可以表示爲「$2 \cdot x^3+x$」，而1、4和5不過是這個表達式的自變元。因此，「函數的眞正本質就在那些表達式的共同因素之中，就是說，在

$$2 \cdot x^3+x$$

中除『x』外還存在的東西之中」❶。去掉「x」可以用括號表示，即

$$2 \cdot (\quad)^3+(\quad)$$

括號表示一個空位，這說明，自變元並不屬於函數，「x」這個符號只用來表示一個位置，說明需要補充的種類，即數。由此就說明函數的三個非常重要的性質和特徵。

1.函數是不完整的，需要補充的或不滿足的

2.自變元是完整的，是自由獨立的整體，也可以說是滿足的

❶ 弗雷格，頁57。

3.函數與自變元不同，自變元不屬於函數，但是，函數和自變元一起建立一個完整的整體。因此也可以說，函數是不滿足的，自變元是滿足的，用自變元補充函數就得到一個完整的整體

對於「$2 \cdot x^3 + x$」這個函數表達式，如果我們用1作自變元補充它，結果就是「$2 \cdot 1^3 + 1$」。因此可以說，3是1這個自變元的函數「$2 \cdot x^3 + x$」的值，因爲「$2 \cdot 1^3 + 1 = 3$」。如果用4作自變元來補充，結果就是「$2 \cdot 4^3 + 4$」。因此可以說，132是4這個自變元的函數「$2 \cdot x^3 + x$」的值，因爲「$2 \cdot 4^3 + 4 = 132$」。由此得出函數另一個非常重要的性質。

4.對於一個函數，以一個自變元補充它產生的結果，稱爲這個自變元的函數值

弗雷格從數學中「函數」的應用，區分出它的四種性質。但是他沒有在這裡停步不前，而是又做了進一步的發揮。他認爲，函數這個詞的意謂隨著科學的進步沿著兩個方向擴展了。首先，構造函數的計算方法的範圍擴展了。除加法、乘法、乘方用其逆運算以外，還增加了不同種類的跨界運算。其次，由於採用了複數，可作爲自變元和函數值出現的東西的範圍擴展了。因此可以做出相應的有規律的擴展。弗雷格明確地說，他「在這兩個方向上更進一步」❷。在第一個方向上，他的擴展是引入了「＝」、「＞」、「＜」這樣的符號。在第二個方向上，他的擴展是引入一般的對象作自變元，比如引入像「凱撒」這樣的專名。一方面，由於引入了＝、＞、＜這樣的符號，因而可以談論「$x^2 = 1$」這樣的函數。這個函數帶有一個等號。帶等號的函數與不帶等號的

❷ 弗雷格，頁61。

函數，比如 $x^2+y^2=z^2$ 與 x^2+y^2 是有很大區別的。帶等號的函數表示一個等式，算術中的等式的語言形式是一個斷定句。引入了等號，就可以談論句子。另一方面，由於引入「凱撒」這樣的專名，因而可以談論數以外的一般事物。含「凱撒」這樣專名的句子是一般的語句，因此，引入一般的對象作自變元，就可以談論一般的語句，而不是僅僅限於談論算術句子。有了這兩條，就爲從對數學公式的討論過渡到對自然語言中句子的討論奠定了基礎。

引入等號以後，函數除了以上四種性質以外，又增加了新的性質。首先是函數值的擴展。弗雷格用了一個例子說明了這一點。假定我們有 $x^2=1$ 這樣一個函數。現在我們分別用 -1、0、1、2 來代入其中的x，於是我們得到

$$(-1)^2=1$$

$$0^2=1$$

$$1^2=1$$

$$2^2=1$$

在這些等式中，$(-1)^2=1$和$1^2=1$是眞的，而$0^2=1$和 $2^2=1$ 是假的。因此弗雷格說，「我們的函數值是一個眞值」❸。眞值一共有兩個，一個是眞，一個是假。因此$(-1)^2=1$和$1^2=1$ 意謂相同的東西，即眞，而$0^2=1$和$2^2=1$ 意謂相同的東西，即假。所有函數只以眞和假作眞值，這樣我們就得到函數的另一種性質。

5.一個帶等式的函數的值總是一個眞值，即它的值要麼是眞，要麼是假

從這種性質出發，弗雷格又對函數做了更進一步的分析。他

❸ 弗雷格，頁62。

說，不僅可以以數作函數的自變元，而且可以考慮以眞值作函數的自變元，也就是說，以眞或假作自變元。這樣就引入下面的函數

——x

如果用眞作自變元，這個函數的值就應該是眞；如果不用眞作自變元，這個函數的值就是假。不以眞作自變元的情況有兩種，一是以假爲自變元，二是無所謂眞假，即沒有眞假。我們看下面幾個例子。

例(1) ——1+3=4

1+3=4 意謂眞，這說明是以眞作自變元，因此在這種情況下，——x 這個函數的值應該是眞。

例(2) ——1+3=5

1+3=5 意謂假，這說明是以假作自變元，因此在這種情況下，——x 這個函數的值應該是假。

例(3) ——4

4 是一個數，旣不眞，也不假，這說明自變元沒有眞假，因此——x 這個函數的值應該是假。

在說明函數可以以眞假作值以後，就可以進一步描述普遍性。我們用 F(x) 表示一個函數，它表示 x 有 F 這種性質。如果表達普遍性，我們應該說「每個 x 有 F 這種性質」。它的表達應該是

$\forall x F(x)$

這樣就會有兩種情況。一種情況是無論以什麼作自變元，它總是以眞作值，因而它表示眞。第二種情況是它表示假。例如，我們現在有下面這個函數

x=x

它可以解釋爲「x與自身相等」，或者說，「一個對象與自身相等」。無論對x代入什麼，它都表示眞，也就是說

$\forall x(x=x)$

這樣，我們就有了對普遍性的表達。又比如，現在我們有下面這個函數

$x^2=1$

如果以1代入x，就得 $1^2=1$，它的值爲眞。但是如果以2代入x，就得 $2^2=1$，它的值爲假。因而 $x^2=1$ 這個函數的值並非對每個自變元都是眞，因此，

$\forall x(x^2=1)$

表示假。我們可以將它寫爲

$\sim\forall x(x^2=1)$

這樣，我們就有了對普遍性的否定。它可以表示「並非每個對象都是1的平方根」，或者「有一些對象不是1的平方根」。

用這種方式也可以表示存在。如果以1代入x，$x^2=1$ 這個函數的值爲眞。因此我們可以有

$\sim\forall x\sim(x^2=1)$

它表明，「至少有一個1的平方根」。

在這裡，我們看到函數表達式與以前所說的函數表達式有了很大的不同。以前所說的函數是以數或個體爲自變元的。比如x+y，這個函數是以「x」和「y」指示其自變元的函數表達式，而「x」和「y」只以數作自變元，比如「2+5」。但是「$\forall x Fx$」這個函數與以前的函數卻是不同的。如果我們把其中的F去掉，就得到下面的函數:

$\forall x(\quad)x$

其中(　　)表示F占據的位置。這個函數是以F作自變元的。F不是個體，它本身就是一個函數。它本身又要以數或個體作自變元。這樣就得出函數的另一種重要性質。

6.函數不僅可以以個體的數作自變元，而且也可以以含有數或個體作其自變元的函數作自變元

由於數是對象，對象是滿足的，而函數是不滿足的，需要補充的，因此對象和函數是根本不同的東西。由於對象與函數是根本不同的東西，因此以對象爲自變元的函數和以函數爲自變元的函數是根本不同的。弗雷格把以對象爲自變元的函數稱爲一階函數，把以函數爲自變元的函數稱爲二階函數。這樣，他以自變元的差異區分出函數的不同層次。他認爲，把握了二階函數這種東西，「就更前進了一步」❹。因爲一階函數和二階函數之間的這種區別極其重要，它「不是隨意形成的，而是深深植根於事物的本質之中」❺。在下面探討概念的時候，我們可以更加清楚地看出這一點。

以個體的對象作自變元和以函數作自變元，這樣的函數是不同的。它們的不同表現在層次的不同。但是在同一個層次上，一個函數可以有一個自變元，也可以有兩個或多個自變元，比如一階函數可以以一個對象爲自變元，也可以以兩個對象爲自變元，還可以以多個對象爲自變元，這樣的函數也是不同的，它們的不同不在於層次上，而是表現爲自變元的不同。比如，x^2是一個只有一個自變元的函數，$x+y=2$ 則是一個含有兩個自變元的函數，而 $x+x=z$ 是一個含有三個自變元的函數。它們是不同的

❹ 弗雷格，頁75。
❺ 同❹。

函數，可分別稱之爲一元函數、二元函數和三元函數。由此我們可以看出函數的另一種性質。

7. 一個函數可以有一個自變元，也可以有兩個自變元，還可以有多個自變元

應該指出，第 7 種性質也是一般函數的基本性質。我們最後談它是爲了強調「元」與「階」區別。可以有一階函數、二階函數。而一階函數可以有一元、二元、多元之分，二階函數也可以有一元、二元、多元之分。

在弗雷格關於函數的說明中，我們可以清清楚楚地看出兩個步驟。第一個步驟是對數學中「函數」這個概念本身的說明。這一點十分重要。因爲「函數」這個概念是不清楚的。據克里說，「17世紀，隨著演算的發展和在數學中的應用，函數終於在數學中占居了核心的位置。然而函數這個概念卻是極其含混的。若是說在18世紀數學家熟知函數的例子，也可以證明關於函數的一些結果，可實際上卻不知道什麼是函數，那麼這大概是一點也不誇張的。有時候函數被看作是幾何學意義上的一種圖形（graph），有時候函數被等同於用來表示函數的表達式。人們逐漸認識到函數可以有很寬泛的和互不相關的性質。一些函數有確定的值，一些函數沒有。一些函數是連續的，一些函數不是連續的。到了19世紀中葉，函數開始被看作是某種類似於現代意義的東西。……這樣，函數這個概念擺脫了幾何表象性的約束，具有了公式的可表達性。但是函數仍然被看作是狹義的，它們的自變元的值一般被認爲必須是某種數」❻。弗雷格正是通過對「函數」這一概念的

---

❻ Currie, pp. 63—64.

說明，澄清了人們對函數的誤解，揭示了函數的四種基本性質，說明函數的最本質的性質是它的不滿足性，它是需要補充的，要用自變元來補充。弗雷格的第二個步驟是對函數的一般用法的擴展。這一點也是十分重要的。正是在這一過程中，他從一般的函數出發，進而探討函數等式，從而揭示了函數另外兩種十分重要的性質。特別是說明一切函數等式只有兩個眞值，一個是眞，一個是假；並且還說明以對象作自變元的函數和以函數作自變元的函數是不同的。如果說第一步是基礎性的工作，那麼第二步就是創造性的工作，而這種創造性的工作無疑是建立在基礎性的工作之上的。我們看到，第一步是對數學中「函數」這個概念本身的分析和說明，第二步則是對函數的擴展。旣然我們稱這種擴展爲創造性的工作，那麼至少可以提出兩個問題：(1) 爲什麼要這樣擴展？或者說，這種擴展有沒有必要？(2) 這種擴展有沒有道理？

在考慮第一個問題的時候，我們特別應該注意，弗雷格並不是單純地爲了區別函數、自變元和函數值而研究函數的，而是爲了借用函數來說明概念的性質。因此，儘管他澄清了數學中函數具有的上述那些性質，但仍然是不夠的。他必須說明如何可以使函數和概念發生聯繫，如何可以從數學表達式過渡到自然語言表達式，如何可以從數學解析式的分析過渡到邏輯的分析。

直觀地說，弗雷格在構造他的形式語言時借用了函數這一概念，用函數和自變元的構造取代了自然語言中句子的主語和謂語結構的構造，因此可以把概念看作函數。由於他分析出函數具有上述那些性質，因此也可以說概念有這些性質。但是僅僅這樣說似乎是不會令人信服的，因爲這裡涉及許多問題。比如，數學語句與自然語句是否一樣？數學中函數的性質與日常語言中概念的性質是否一樣？數學中以一般的數作自變元，自然語言中是否也以數作自變元？如此等等。因此，必須對函數做出進一步的分析，說明它和概念的聯繫。弗雷格的進一步的分析，就是他的擴展。

擴展函數的運算，引入「＝」，就可以談論「$x^2=1$」這樣的公式。也就是說，引入「＝」就可以談論等式。弗雷格認爲，等式的語言形式是一個斷定句。例如，「$x^2=1$」這個函數的自然語言的表達就是「(　)是1的平方根」。顯然，「(　)是1的平方根」是一個概念，不是一個句子。這樣就表明，概念與函數十分緊密地聯繫在一起。因此，通過擴展，通過引入「＝」，就可以談論句子，從而從數學語言過渡到一般的語言。

擴展自變元，從而允許一般的對象出現，比如「凱撒」，這樣就突破了數學中只有數字出現的情況，因而從數學語言過渡到自然語言。比如我們說：「凱撒征服高盧」。在這樣的條件下，我們就可以談論並探討一般的句子，從而探討一般的概念和對象。

由此我們看出，從一般函數的研究到對函數的擴展是十分必要的。正是由於對函數的研究，揭示了函數的基本性質和特徵，正是由於對函數的擴展，使我們可以從數學領域進入到非數學領域，從而跳出一般的數學公式的局限，談論自然語言的句子，從而爲研究概念提供了一種可能。

現在我們應該考慮第二個問題，這種擴展有沒有道理。弗雷格爲此提供了兩個理由。他認爲，「算術是進一步發展的邏輯，更嚴格地論證算術定律就要追溯到純邏輯定律並且只追溯到這樣的定律」❼。他要求「算術的符號語言必然擴展爲一種邏輯的符

---

❼ 弗雷格，頁63。

號語言」❽。弗雷格的這種論證顯然是從他的邏輯主義觀點出發的。他認爲，從邏輯可以推出數學，算術系統的公理可以用邏輯語言表達爲邏輯公式，因此可以建立關於算術的邏輯系統。他指出，數學中缺少邏輯聯結詞，要補充這種聯結詞，因此，算術的符號語言必須要擴展。除了這種理由以外，如上所述，弗雷格還從函數本身的發展說明它是可以擴展的。一方面，函數本身在計算方法的範圍內曾有擴展，弗雷格引入「＝」，不過是在這個方向上的進一步擴展。另一方面，函數在作爲其值和自變元的東西的範圍內曾有擴展，弗雷格引入一般的對象和眞值不過是這個方向上的進一步擴展。應該說，不論弗雷格的邏輯主義觀點是不是正確，至少他的第二種理由說明他的擴展並不是任意的，而是符合函數的特點及其發展規律的。

二、概念的基本性質

弗雷格說：「一個概念是一個其值總是一個眞值的函數」❾。從弗雷格對概念的這個說明可以看出，爲了理解概念，必須理解函數，必須理解眞值。也可以說，他是通過函數來說明概念的。

我們說過，弗雷格並不是爲了探討函數而探討函數，而是爲了通過函數的性質來說明概念的性質。我們也已經指出，弗雷格提示了函數的幾種性質。於是我們現在要問，概念是不是也有這樣的性質？在弗雷格分析的函數的基本性質中，最主要的性質是：函數是不完整的，需要補充的。因此我們首先要考慮的是，

❽ 同❼。
❾ 同❼。

概念是不是有這種性質。

所謂函數是不滿足的，是指函數表現了一種結構。在這種結構中含有空位。最簡單的函數是帶有一個空位的。因此，如果把概念看作函數，概念也要表現這樣一種結構。比如我們說:

「亞里士多德是人」

「柏拉圖是人」

「凱撒大帝是人」

這三個句子有一個共同的部分，這就是:

「……是人」

根據弗雷格的思想，這個共同的部分就是相應於函數的概念。我們也可以把它寫爲:

「(　　)是人」

或者

「x 是人」

括號標明了這個概念需要補充的部分，證明概念的不滿足性。如果我們以專名或單稱詞代入它，就會使它滿足，由此得到一個句子。比如，我們若是把「亞里士多德」、「柏拉圖」和「凱撒大帝」分別代入這個概念，就得到上面三個句子。這樣就說明，概念具有函數的基本性質，概念是不滿足的，需要補充的。

在以專名或單稱詞代入的過程中，像「亞里士多德」這樣的專名意謂個體的人，意謂對象，就像個別的數是對象一樣，因而是完整的。概念雖然是不滿足的，但是代入專名以後，就得到一個完整的整體。因此滿足了函數的 1、2 和 3 這樣的性質。

由於弗雷格不是固守函數的基本性質，而是進行了擴展說明，由此也得出了另一個重要結論，即函數等式的值總是一個眞值。根據這種思想，我們就應該考慮，概念是否也具有這種性質。我們已經看到，弗雷格引入等號，就從一般的函數過渡到句子。因此這裡的問題是，自然語句是不是也以眞和假爲值。我們看下面這個例子：

「(　　)征服高盧」

是一個概念。我們用一個專名來補充它，就可以得到一個句子。如果我們以「凱撒」來補充它，就得到下面的句子：

「凱撒征服高盧」

這個句子的眞值是眞。如果我們用「龐培」來補充它，就得到下面的句子：

「龐培征服高盧」

這個句子的眞值是假。因此可以說，概念也具有函數的第 5 種性質。

通過以上分析我們可以看出，弗雷格所說的概念是和句子緊密結合在一起的。它表現爲句子的一部分，用對象補充它，就得到一個完整的句子，這個句子還要有眞假。由此也就可以說明爲什麼弗雷格說一個概念是一個其值總是一個眞值的函數。應該指出，以上分析僅僅揭示了概念的最根本的性質。這種性質符合函數的基本性質 1—3 和擴展後的重要性質 5。在下一節，我們將會看到，概念同樣具備函數的第 4、第 6 和第 7 種性質。從弗雷格的思想看，儘管它們不是概念最根本的性質，卻仍然是概念的十分重要的性質。

在這裡我們應該看到，函數的第 4 和第 5 種性質反映了函數在函數值方面的一種差異。「x＋y」和「x＋y＝z」都是函數，它們的值卻不同。「x＋y」的值是數，而「x＋y＝z」的值是眞值。用任何數代入x和y，「x＋y」無所謂眞假，即它不是以眞值爲值。比如「2＋3」以5爲值，「3＋5」以8爲值。而對於「x＋y＝z」的代入就不是任意的，因爲代入不同的數會導致眞值的不同。比如用2、3和5分別代入x、y和z，就得「2＋3＝5」，它的值爲眞。若用2、3和6分別代入x、y和z，就得「2＋3＝6」，它的值爲假。因此，「x＋y」和「x＋y＝z」是兩種不同的函數。從形式上看，前者只是一個函數表達式，但不是等式；後者不僅是一個函數表達式，而且是等式。等式的語言形式是一個斷定句。這正是它們的差異所在。也可以說，前一種函數的形式不是句子，而後一種函數的形式是句子。從語言的角度看，前者以數爲值，後者以眞假爲值。由此我們可以看出，這兩種函數的最大區別就在於一種與句子和眞值密切地結合在一起，而另一種不是與句子和眞值結合在一起。

如果說概念是函數，那麼概念也應該有這樣兩種性質，即它可以以一般的個體對象爲值，也可以以眞值爲值。但是從弗雷格對概念的定義，即「一個概念是一個其值總是一個眞值的函數」，卻只看到一種性質。這一方面說明，概念是與句子和眞值密切結合在一起的，另一方面也說明，弗雷格對於函數值的擴展是十分重要的。由此我們看到，弗雷格對於概念的論述與一般傳統的關於概念的論述是根本不同的。傳統的觀念認爲，概念是客觀事物在人們頭腦中抽象概括的反映。概念是由語詞表達的。把握概念的方法是認識概念的內涵和外延。比如「雪是白的」這樣一個句子裡面有兩個概念，一個概念是「雪」，另一個概念是「白的」。把握它們要從「雪」的內涵和外延以及「白的」內涵和外延去做。我們也可以考慮「人」這個概念，「馬」這個概念是什麼意思，等等。不論是孤立地考慮個別語詞表達的概念，還是考慮句子中語詞表達的概念，都與句子本身沒有關係，從而與眞值沒有關係。而弗雷格則始終把概念與句子和眞值緊密結合在一起。這一點對於理解弗雷格關於概念和對象的思想至關重要。

從函數等式擴展到一般的自然語句，進而說明概念的性質，這一思想無疑是十分出色的。但是，僅僅由於一個函數表達式可以轉化爲自然語言的句子，從而認爲概念是函數，對象是自變元，以對象補充概念就得到一個句子，其意謂是眞值，即眞和假，這仍然存有疑問。比如，爲什麼函數是不完整的，概念就是不完整的呢？爲什麼自變元補充函數，對象就補充概念呢？實際上，弗雷格並不是這樣簡單移植的，而是對語言中句子的語法結構和語詞在句子中的語法作用進行了詳細的探討和分析。

語言有基本的語法結構，句子是顯示這種語法結構的基本單位。一個句子有主語和謂語，簡單句一般有主系表和主動賓兩種結構。主語加上連詞「是」，加上一個表語，構成一個句子。比如「晨星是行星」。主語加上動詞和一個賓語（動詞和賓詞也可以叫作謂語或謂詞）構成一個句子，比如「凱撒征服高盧」。需要說明的是，表示對象的專名在句子中起什麼作用？表示概念的概念詞在句子中起什麼作用？

弗雷格認爲，概念起謂詞作用。他說明了概念實際上是語法謂詞的意謂。他這裡說的謂詞是指語法動詞加賓語組成的句子部分，或者是連詞「是」加上表語組成的句子部分。比如上面的例子中的「……征服高盧」或「……是行星」。此外，他還談到概念詞，比如「行星」，他認爲概念詞的意謂是概念。這表明，在弗雷格看來，在句子中，一般的類名的意謂是概念，動詞加上賓語這樣的語法謂詞的意謂是概念，連詞加上表語這樣的語法謂詞的意謂也是概念。關於意謂的問題，我們將在下一章裡專門討論。這裡我們只談弗雷格所說的概念。

一個簡單句一般分爲兩部分。一部分是主語；另一部分是謂語（或表語）。句子的謂語部分起謂述作用，對主語進行說明。比如我們說，「亞里士多德是邏輯的創始人」在這個句子中，「亞里士多德」是個專名，是主語，「是邏輯的創始人」是謂語，對主語進行說明。弗雷格認爲，我們在函數稱之爲不滿足性的，在概念可稱之爲其謂述性。「概念有謂述特性，它需要補充，就像句子的謂述部分總是要求語言中有一個主語，沒有這個主語它似乎就是不完整的」⑩。根據他的思想來看，「征服高盧」是個概念，是不完整的，它缺少謂述的對象，即句子缺少主語，用「凱撒」這樣的專名補充它，它才是完整的。這就證明，概念有謂述特徵，因而是不完整的。

但是，概念詞有時也在主詞中出現。比如下面這個句子：

「所有哺乳動物都有紅血」

如果我們說，謂語部分——「有紅血」——有謂述特徵，這是顯然的，那麼主語部分的「哺乳動物」是個概念詞，它也有謂述特徵嗎？弗雷格指出，即使在這裡，也「不會認不出概念的謂述性質」⑪。他認爲，這裡的「哺乳動物」也具有謂述性質，也是不滿足的，需要補充的，因此它表達的是

「（　）是哺乳動物」

---

⑩ 弗雷格，頁257。
⑪ 弗雷格，頁81。

這樣，這個例子表達的思想是

「凡是哺乳動物的東西，都有紅血」

或者

「如果某物是哺乳動物，那麼它有紅血」

這樣，弗雷格就從句子中的語法結構和語詞用法分析說明了概念是不完整的，需要補充的這種性質，從而說明可以把概念看作函數。

應該指出，弗雷格的這種語言分析是極其出色的，而且是十分重要的。因為，正是由於引入了「＝」，因而可以從簡單的函數過渡到等式，因而從等式擴展到自然語言的語句。正由於從個體的數擴展到一般的個體物，因而可以從專門的數學命題擴展到數學以外的一般表達的命題。正由於引入了眞值的概念，因而可以從數值的討論擴展到對眞假的討論。這樣就非常自然地從數學句子的討論過渡到自然語句的討論，令人信服地從數學的分析進入到邏輯的分析。同樣，正是由於從語言的語法結構、主要是從句子的主謂語結構進行分析，因而淸楚地說明，從語法角度講，謂詞的意謂是概念，概念詞的意謂也是概念。概念符合函數的分析，具有函數的不完整性，需要補充性的特徵。而專名所表達的對象具有數學中數字所表達的數的完整性的特徵。這樣，就可以在這種背景下探討概念和對象的性質以及它們之間的關係。

三、對概念和對象的分析

弗雷格詳細論述了函數的性質，並且從語言的角度分析討論了概念與函數的相似性和一致性，從而表明可以用函數的性質說明概念的性質。但是函數的不完整性只是函數的最本質的特徵，以此也只能說明概念的不完整性和謂述性。這僅僅是一個大致的說明。重要的是通過函數的不完整性的各種性質和特徵揭示概念的不完整性的各種性質和特徵。由於概念在句子中的表現常常是非常複雜的，這就需要更加深入地進行分析。

在弗雷格的思想中，句子的構成部分一般分為專名和謂詞。對於專名，他沒有詳細地區別出普通專名和摹狀詞，但是按照函數的思想，他區別出兩種專名。第一種專名是簡單完整的名字，它們意謂確定的對象，本身不能再分析為不完整的部分和完整的部分。比如「亞里士多德」、「9」、「德國」。第二種專名是複雜完整的名字，它們意謂確定的對象，但是本身可以再分為不完整的部分和完整的部分。比如「亞里士多德的老師」、「9^2」、「德國的首都」。這類專名有兩個特點，一個特點是它們可以分析為滿足的部分和不滿足的部分。比如「亞里士多德的老師」可以分析為「亞里士多德」和「x的老師」這樣的兩部分。前者是一個簡單完整的名字，意謂一個確定的對象，因而是滿足的或完整的，後者是一個函數表達式，因此是不滿足的或不完整的。又比如「9^2」可以分析為「9」和「$(\ )^2$」這樣的兩部分。前者是滿足的或完整的，後者是不滿足的或不完整的。另一個特點是這類專名本身意謂的對象與其構成部分意謂的對象是不同的。比如，「亞里士多德的老師」意謂柏拉圖。柏拉圖和亞里士多德都是簡單完整的名字，但是顯然意謂不同的對象。按照函數的思想，「x的老師」是一個函數表達式。「亞里士多德」意謂一個對象，用「亞里士多德」代入這個函數，就得到另一個專名「亞里士多德的老師」。這個專名意謂另一個對象，即柏拉圖。因此「柏拉圖」是我們以「亞里士多德」這個專名代入「x的老師」這個函數所得到的函數值。弗雷格把這類專名也叫作函數名。它們顯然與函數的第4種性質是一致的。值得注意的是，弗雷格在這裡談到專名的意謂是特定的對象，這樣，專名就與對象聯繫起來。

對於謂詞，弗雷格有兩種說法。有時他用謂詞，有時他用概念詞。在談論謂詞的時候，他說概念起謂詞作用，語法謂詞的意謂是概念。這樣，概念就與謂詞聯繫起來。在談論概念詞的時候，他稱概念詞的意謂是概念，這樣概念詞本身就涉及概念。表面上看，謂詞和概念詞的意謂都是概念，而概念有謂述性。但是實際上，這裡是有細微差別的（應該指出，弗雷格在這裡明確談到謂詞和概念詞的意謂，關於這個問題，我們將在下一章專門論述）。

根據弗雷格的思想，一個謂詞可以是句子中動詞加上賓語或系動詞加上表語所構成的部分。比如我們前面提到的兩個例子：「凱撒征服高盧」和「晨星是行星」。前一個例子中的謂詞是動詞「征服」加上賓語「高盧」，即

「（　　）征服高盧」

這個謂詞是一個概念。後一個例子中的謂詞是連詞「是」加上表語「行星」，即

「（　　）是行星」

這個謂詞也是一個概念。當然，嚴格地說，它們的意謂是概念。從這裡的分析我們可以看出，弗雷格所說的謂詞實際上是句子中去掉作主語的專名所剩下的部分。把這一部分稱爲概念雖然與我們一般稱爲概念的東西不同，但是卻符合函數的基本特徵：不滿

足性和不完整性。若是這一部分加以補充，所得就是一個句子，句子有眞假，因此也符合對概念的定義。這樣就說明，句子的謂詞是一個函數。

根據弗雷格的思想，概念詞的意謂是概念。所謂概念詞，即一般的通名，比如人、馬、牛都是概念詞。在句子中，概念詞有時在謂語的位置出現。比如說，「亞里士多德是哲學家」。在這個句子中，謂語部分的「哲學家」是概念詞，起謂述作用，謂述亞里士多德。由此我們可能馬上會發現一個問題。根據這裡的解釋，前面一個例子，即「晨星是行星」中，「行星」也是概念詞，因此也可以說「行星」的意謂是概念。但是這樣一來，「是行星」與「行星」都成爲概念了。在這裡也是如此，「哲學家」可以是概念，「是哲學家」也可以是概念。這樣，它們都成爲概念了。難道二者之間就沒有區別嗎？從語法形式看，「是哲學家」和「哲學家」確實是有區別的。但是我們應該注意，弗雷格不說它們是概念，而是說它們的意謂是概念。也就是說，語法形式不同，意謂可以相同。「是哲學家」是一個表達式，有意義，也有意謂，「哲學家」是一個表達式，有意義，也有意謂。它們的意謂都是哲學家這概念。

弗雷格這裡的思想顯然不僅依據他關於函數的思想，而且也依據他關於意義和意謂的區分。有人也許會問，儘管我們可以承認語法形式不同的東西可以意謂相同的東西，但是爲什麼說「是哲學家」和「哲學家」意謂相同的東西呢？對於這個問題，弗雷格沒有正面回答。但是從他對於「是」這個連詞的分析我們可以看出他的理由。

弗雷格指出應該區別「是」在句子中的涵義。比如下面兩個例子：

例(1)「晨星是金星」

例(2)「晨星是行星」

在這兩個句子中，「是」的涵義是不同的。在例(2)中，「是」是連詞，是「命題的純形式詞」⓬。而在例(1)中，「是」「不是純粹的連詞」⓭。所謂純粹的連詞或純粹形式詞的意思是一樣的，即它們只有語法作用，沒有具體的意義。例(1)中的「是」之所以不是純粹的連詞或形式詞，是因爲它表示相等。

弗雷格認爲，語法連詞還可以從詞尾變化看出來。爲了說明這一點，他舉了下面的例子：

例(3)「這片葉子是綠的 (Diese Blatt ist gruen)」

這個句子也可以表達爲

例(3′)「這片葉子變綠了 (Diese Blatt grunt)」

這裡存在著兩種語言的差異。我們也可以把例（3′）譯爲

例(3″)「這片葉子綠了」

弗雷格認爲，這兩句話表達的內容是一樣的，都表示某個個體（這片葉子）處於一個概念（綠色的）之下。「在這裡，語法謂詞意謂這個概念」⓮。例(3)與例(2)的不同之處在於例(2)是用連詞「是」加一個名詞作表語，而例(3)是用連詞「是」加一個形容詞作表語。但是它們有一個共同之處，這就是它們都是主系表結構；它們中的「是」都是純形式詞。從例(3)和例(3′)來看，當「是」用作語法連詞時，也可以去掉它，同時意義保持不變。由

⓬ 弗雷格，頁78。

⓭ 同⓬。

⓮ 弗雷格，頁80。

此說明，在句子中，純語法連詞「是」加上表語所表達的東西與表語本身表達的東西是一樣的。因此在句子中，「是哲學家」與處於謂語位置的「哲學家」的意思是一樣的。這就說明，在句子中處於謂語部分的概念詞也是一個函數。實際上在這裡仍然有弗雷格關於語境原則的思想。弗雷格所說的概念詞總是在句子中考慮的，而不是脫離句子單獨考慮的。

如上所述，在句子中，概念詞有時也作主詞出現。比如前面我們說過的那個例子:

「所有哺乳動物都有紅血」

在這個句子中，「哺乳動物」是個概念詞，因此它的意謂是概念，它也應該是個函數，即

「(　　) 是哺乳動物」

這樣，這個例子實際上表達的是

「凡是哺乳動物的東西，都有紅血」

這裡，人們也許馬上會提出反對意見。在句子中，主語和謂語是不同的，可是按照弗雷格的思想，主語和謂語不是沒有區別了嗎？弗雷格指出:「我們在語言的意義上理解『謂詞』和『主詞』: 概念是謂詞的意謂，對象是這樣一種東西，它絕不能是謂詞的全部意謂，卻可能是主詞的意謂」⑮。在這裡，我們看到了極其重要的區別，而這種區別反映了弗雷格十分重要的思想。

首先，人們常說的「主詞」(或主語) 和「謂詞」(或謂語) 是語言方面的東西，而弗雷格所說的概念和對象不是語言方面的東西，而是「謂詞」和「主詞」的意謂，也就是說，概念和對象

---

⑮ 弗雷格，頁85。

是語言中句子所表達的內容方面的東西。語言方面和語言所表達的內容方面是兩個不同的方面，絕不能混爲一談。因此主詞和謂詞與概念和對象也是不同方面的東西，不能混淆起來。其次，謂詞的意謂是概念，概念詞的意謂是概念，由於概念詞可以作主詞，因此有時語言中的主詞的意謂也是概念。語言中專名的意謂是對象，但是專名只能作主詞，不能作謂詞。雖然專名有時出現在謂詞的位置上，但它不是謂詞的全部，只是謂詞的一部分，而且不是謂詞的最本質的部分。因此對象只能是主詞的意謂，不能是謂詞的意謂。這樣就說明，對象和概念是根本不同的。而這種區別僅從語言表面的主謂語法形式是看不出來的。由此我們也可以清晰地看出，弗雷格是從語言出發而達到對概念和對象的認識。從而他是從語言出發，揭示了概念和對象的性質以及它們之間的幾種十分重要的關係。

1.以一個專名補充一個謂詞所得到的是一句子，句子有意義和意謂

由於概念起函數的作用，專名的對象起自變元的作用，同時補充概念。概念是不滿足的，用對象來補充之後就是滿足的，這樣就得到一個完整的意義，一個思想。這個思想有一個眞值，即眞或假，因此可以說，這個思想一般是眞的或假的。在這種情況下，概念就和句子、從而和眞假聯繫起來。

2.同樣是以函數的思想來分析，由於概念與眞值相聯繫，這樣就形成了概念和對象的一個顯著區別

比如「x的首都」是函數名，我們以德國這個專名來補充它，就得到「德國的首都」這個專名（嚴格地說，這只是個摹狀詞），柏林是它的值，若以中國這個專名來補充它，就得到「中國的首都」這個專名（也是一個摹狀詞），北京是它的值。但是這裡只得到對象，沒有得到眞假。因爲我們沒有討論句子，也沒有結合句子來討論。但是，

「x是德國的首都」

是一個概念，對它作不同的補充，就會得到不同的句子，而且會有不同的眞假。比如我們用「柏林」來補充它，就得到

「柏林是德國的首都」

這個句子，它的值爲眞。而如果我們用「北京」來補充它，就得到

「北京是德國的首都」

這個句子，它的值爲假。

3.由於概念與眞假聯繫起來，因而概念的眞假也是由補充它的對象決定的

因此，確定概念的界線，即確定什麼對象處於概念之下，什麼對象不處於概念之下就是十分重要的。這裡涉及對象與概念的關係，概念和概念的關係。這是完全不同的關係，揭示它們具有極其重要的意義。

最基本的關係是，一個對象處於一個概念之下。主詞是專名的陳述句一般都是這樣的關係。例如:

「柏林是一個大城市」

按照弗雷格的思想「是一個大城市」是謂詞，我們也可以說，

「柏林處於大城市這個概念之下」

在這個句子中，「處於大城市這個概念之下」是謂詞，它與「是一個大城市」意謂相同的東西。又比如，

「這片葉子是綠色的」

在這個句子中，「是綠色的」是謂詞。我們也可以說，

「這片葉子處於綠色的這個概念之下」

應該注意，這裡實際上是有差別的。這兩個例子說明謂詞可以是個類名，也可以是形容詞。但是如前所述，弗雷格在這裡沒有做出更多的區別，而是把它們統稱爲概念，都可以表示爲「是 ϕ」。從概念的角度，他認爲，有一個對象處於其下的概念是這個對象的性質，因此，「『是 ϕ』是 Ψ 的一個性質」，不過是「Ψ 處於 ϕ 這個概念之下」的另一種說法⑯。

直觀上說，一個對象處於一個概念之下，似乎有些不自然。但是這種說法可以形象地表明層次。對象是下位的，概念是上位的。由此可以與概念的另一種性質形成鮮明對照，這就是一個概念處於另一個概念之下。

所謂一個概念處於另一個概念之下，是指量詞所表達的關係。例如，「所有動物都有紅血」。這句話應該分析爲：

$\forall x$ （x 有紅血）

這實際上說：「對任何事物來說，如果它是動物，那麼它有紅血」。即「動物」和「有紅血」這兩個概念處於「任何事物」這個概念之下。這是對句子中量詞的深刻分析，它的基本思想仍然是來自概念文字，來自函數的第 7 種性質。

這裡關於「存在」這一問題，我們還應該再說幾句。弗雷格多次談到關於「上帝存在」這個本體論證明是有問題的。在弗雷格的思想中，「存在」是一個二階概念，因此它以一階概念作自變元，這樣在「上帝存在」這個句子中，「上帝」是一個概念，

---

⑯ Frege,「e」pp. 63—64.

即它應表達爲

「上帝（ ）」

就是說，它要以個體的東西作自變元，或者說，它是不完整的或不滿足的。正由於這一點，說「上帝存在」並沒有把上帝看作或表達爲一個個體。因此這個關於它的證明是不成立的。此外，弗雷格還從語言形式上探討了這個問題。他認爲，在德語中，「Es gibt」（「存在」或「有」）後面總是跟著概念詞，而不是跟著專名，因此從語言形式上也說明「存在」是一個二階概念，而不是一階概念。結合弗雷格關於量詞的刻畫和說明，我們就可以明白，弗雷格在這裡的說明是有道理的，而且是很有意義的。

四、概念和關係

一個函數可以以一個自變元爲補充，也可以以兩個自變元爲補充，還可以以多個自變元爲補充。因而有一元函數，二元函數或多元函數。比如，「$x^2=1$」是個一元函數，「$x^2+8=y^2$」是個二元函數，「$x^2+y^2=z^2$」是個三元函數。按照這種思想去分析自然語言的句子，可以相應地得到一些不同的情況。我們舉例說明：

例(1)「太陽是顆行星」

這個句子可以分析爲「太陽」和「x是顆行星」這樣兩部分。「太陽」是自變元「x是顆行星」是個函數。這樣的一元函數被稱爲概念，它說明一個對象處於一個概念之下。

例(2)「太陽大於地球」

這個句子可以分析爲「太陽」和「x大於地球」這樣兩部分。這樣的結果和例(1)的分析是一樣的。但是我們還可以把「x大於地球」繼續分析爲「地球」和「x大於y」這樣兩部分。這樣,「地球」是一個自變元,「x大於y」是一個函數。因而我們得到的是一個二元函數。x標明太陽塡充的位置。y標明地球塡充的位置,它們不能任意顚倒。這樣一種二元函數被稱爲關係。

弗雷格指出了一元函數與二元函數和多元函數的區別,從而也說明概念和關係的不同。但是他主要集中討論了概念,而沒有討論關係。這大概是由於,他主要是要揭示一個對象處於一個概念之下這種關係,和一個概念處於另一個概念之下這種關係。而且在他看來,最基本的關係是一個對象處於一個概念之下。

第五章　意義和意謂

在弗雷格的理論中，人們評價最高的而爭論也是最多的是他關於意義和意謂的理論。同時，現代哲學中許多重要的問題和討論也都追溯到這一理論。這就說明，這個理論具有極其重要的意義。

弗雷格在〈論意義和意謂〉這篇文章中專門論述了意義和意謂的問題，此外，在《概念文字》、〈對意義和意謂的解釋〉、〈邏輯導論〉、《算術的基本規律》等論著中以及與別人的通信中，也論述、提到或應用了關於意義和意謂的理論。可以說，研究弗雷格關於意義和意謂的思想必須以上述論著爲基礎，從整體上全面地把握它的實質，才能深刻地揭示它的重要意義。

一、符號的意義和意謂

在〈論意義和意謂〉這篇著名文章中，弗雷格從在《概念文字》中提到的同一問題出發，以具有a＝a和a＝b這樣形式的句子爲引子，開始詳細論述他關於意義和意謂的理論。

弗雷格認爲，「對於一個符號（名稱，詞組，文字符號），除要考慮被表達物，即可稱爲符號的意謂的東西以外，還要考慮那種我要稱之爲符號的意義的、其間包含著給定方式的聯繫」❶。在這裡可以看出，弗雷格區別出符號的意義和意謂。符號的意謂似乎是很明確的，即符號表達的東西。而符號的意義卻不太明確，因爲符號中「包含著給定方式的聯繫」顯然有些含混。例如 a 是一個符號，那麼什麼是其間包含著給定方式的聯繫呢？如果把給定方式理解爲符號的旣定方式，比如 a，那麼這聯繫是什麼呢？是指 a 這個符號與它表達的東西的聯繫呢？還是指 a 這個符號由於表達了與它所表達的東西的聯繫而具有的一種字面含義呢？還是指 a 這個符號的旣定方式本身具備的一種聯繫呢？弗雷格對此沒有說明。他旣然沒有說明，無非可能有這樣幾條原因，第一，這是自明的，顯然的，用不著說明。第二，這是不重要的。第三，這是不必要的，因爲以後在探討專名的意義和意謂、句子的意義和意謂時還要詳細說明。第二條原因大概是不成立的，因爲他區別出意義和意謂，那麼對於意義的說明顯然就極其重要。而第一條原因和第三條原因似乎都是有可能的。

這裡應該注意一個問題，弗雷格是把符號與專名混在一起談的。一方面，他把名稱、語詞組合、文字符號都歸爲符號，另一方面，他又說，他把符號和專名理解爲任意的標記，它代表一個專名，其意謂是一個確定的對象。這兩種用法顯然是不一樣的，前面一種符號範圍要寬泛一些，後面一種符號的範圍則比較狹窄，對此應該如何理解呢？

從弗雷格的思想來看，他在《概念文字》中給出一種形式語言，這是一種人工語言符號，他理解的符號肯定不會不包含這種

---

❶ 弗雷格，頁91。

符號。他在談論「相等」時，考慮的情況是「a＝b」這樣的公式，而這又是在《概念文字》中提出的問題，因此他說的符號也不會與《概念文字》中的公式符號沒有關係。在數學中，a和b只表示個體對象，弗雷格在這裡以「a＝b」爲例來討論，就很容易把符號和名稱等同起來。此外，弗雷格所說的符號也常常包括自然語言。因此可以說，弗雷格所說的符號指的是一般意義的符號，比如，他的形式語言是符號，他舉例的「a＝b」是符號，「離地球最遠的天體」也是符號。

弗雷格說:「符號、符號的意義和符號的意謂之間有規律的聯繫是這樣的，相應於符號，有確定的意義；相應於這種意義，又有某一個意謂，而對於一個意謂(對象)，不僅有一個符號」❷。

這段話說明一個符號有某種意義，還有某個意謂，但是弗雷格在另一個地方說，這是一般情況，也有例外情況，即一個符號有意義，但沒有意謂。比如「離地球最遠的天體」有意義，但它是否有一個意謂，則令人懷疑；「最小的收斂級數」有意義，但沒有意謂。這樣弗雷格就區別出符號的意義和意謂的兩種關係:其一，一個符號有某種意義，有某個意謂；其二，一個符號有某種意義，沒有意謂。

我們看到，雖然弗雷格沒有明確說明什麼是符號的意義，但是我們也可以理解他說的符號的意義是什麼。此外，他明確說明了符號有意義和意謂，而且二者是不同的。這裡特別要說明的是，他還特別強調要把符號的意義和表象區別開。他認爲，表象是個別人根據以前的感覺印象和記憶而形成的內在圖象，因而是

---

❷ 弗雷格，頁92。

個別人具有的東西。而「符號的意義可以爲許多人共有，因而不是個別心靈的部分或形式」❸。對於意義，我們可以「毫不猶豫地直接談論」，而對於表象，「還必須注明，它屬於誰，屬於什麼時間」❹。在〈論意義和意謂〉中弗雷格只是強調了意義和意謂與表象是根本不同的東西，但是並沒展開詳細的論證。直到1918年，他才在〈思想〉這篇文章中詳細論證了意義和表象的區別（參見第六章）。

二、專名的意義和意謂

在弗雷格的論述中，主要有兩種專名，一種是廣義的專名，一種是狹義的專名，他常常使用的是廣義的專名，而且對此有明確的說明：「一個單一對象的標記也可以由多個語詞或其它的符號組成。爲了簡便起見，這些標記均可以稱爲專名」❺。有時，他也提到「像『亞里士多德』這樣眞正的專名」❻。這兩種專名顯然是不同的，後一種專名就是一個人的名字，推而廣之，是單一事件、單一地點、單一事物的名字，等等，而前一種專名顯然不限於這樣的名字，至少包含像摹狀詞那樣的東西。但是弗雷格並不區別它們，而是把它們統稱爲專名。

特別應該注意的是，弗雷格認爲，一個定冠詞引導的表達式就是一個專名。

除了這兩種專名以外，弗雷格後來在其它著作中明確地說，

❸ 弗雷格，頁93。
❹ 弗雷格，頁94。
❺ 弗雷格，頁91。
❻ 弗雷格，頁91—92。

「一個眞正的句子是一個專名」❼。這樣，他把句子也處理爲專名。關於這個問題，我們後面將專門進行探討。這裡只談弗雷格所說的一般意義的專名。

弗雷格對專名的意謂有明確的說明，他說，「一個專名的意謂是我們以它所表達的對象本身」❽。從弗雷格的論述來看，專名的意謂就是專名所代表的那個東西。比如「晨星」這個專名，它的意謂是它所表達的那顆行星。

弗雷格多次談到專名有意義，一個詞有意義。但是在〈論意義和意謂〉中，對於什麼是意義，他卻沒有像對專名的意謂那樣做出明確的說明，不過我們可以從他的一個比喻來理解他所說的「意義」。他比喻說，有人用望遠鏡觀察月亮，這樣就有三個東西：一是月亮，二是望遠鏡中物鏡所顯示的眞實圖象，三是觀察者視網膜上的圖象，觀察月亮是通過二和三實現的。這裡，他把一比做意謂，把二比做意義，把三比做表象，他說，望遠鏡中的圖象「是客觀的，因爲它可供許多觀察者使用」❾。從這裡可以看出，他所說的專名的意義是客觀的、固定的、不依賴人的主觀意識的，可以被許多人所把握和共同使用。

後來在《邏輯導論》中，他又專門談到這個問題。他說：「專名應該表示對象」❿。但是專名表達的對象不是句子的組成部分。因此，「一定還有些東西與專名結合在一起，它們與被表達的對象不同並且對於含有這個專名的句子的思想至關重要。我稱這樣的東西爲專名的意義。正像專名是句子的一部分一樣，專

❼ 弗雷格，頁223。
❽ 弗雷格，頁94。
❾ 同❽。
❿ 弗雷格，頁218。

名的意義是思想的一部分」⓫。這段話說明，專名本身是有意義的，專名的意義不是專名表示的對象，而是句子表達的思想的一部分。我們可以這樣來理解，句子有意義，句子是由句子部分構成的，因此句子的部分必須有意義，否則我們無法理解句子的意義。專名是句子的部分，因此專名有意義。由此可以看出，專名的意義是借助句子的意義說明的。但是專名的意義本身是什麼，或者說，專名的意義的定義是什麼，我們仍然不清楚。不過有一點是清楚的，這就是我們明白弗雷格所說的專名的意義具有這樣幾種性質：(1)專名的意義是專名表達的；(2)專名的意義與專名的意謂不同；(3)專名的意義是句子表達的思想的一部分；(4)專名的意義是客觀的，不依賴於主觀意識的，可被許多人共同把握的。

三、句子的意義和意謂

弗雷格認爲，符號有意義和意謂這一思想也適用於直陳句，這樣就區別出直陳句的意義和意謂。他認爲直陳句包含著一個思想，思想就是直陳句的意義。對於思想，他說：「我用『思想』不是指思維的主觀活動，而是指思維的客觀內容，它能夠成爲許多人共有的東西」⓬。在這段話中，「思維的客觀內容」的意思是不太確切的，但是「成爲許多人共有的東西」這句話和弗雷格在描述專名的那個比喻中所說的「可供許多觀察者使用」這句話的意思差不多是一樣的。由此出發就可以看出，弗雷格講的思想

⓫ 弗雷格，頁219。
⓬ 弗雷格，頁96。

是指語句本身具有的含義，不包含人的主觀因素，這與傳統邏輯所說的命題的意思差不多。值得注意的是，在〈論意義和意謂〉這篇文章中，弗雷格雖然指出句子的意義是它的思想，但是對於這一觀點卻沒有詳細闡述。直到1918年在〈思想〉一文中，他才詳細論述了這個問題。

弗雷格認爲，直陳句的意謂就是句子的眞値。什麼是句子的眞値呢？他說：「我們把句子中的眞値理解爲句子是眞的或句子是假的情況，再沒有其它情況」⑬。這就是說，句子的眞値是句子的眞或句子的假。這樣，弗雷格就明確地說明句子有意義和意謂。他通過舉例說明了句子的意義和句子的意謂之間的區別。

第一個例子是兩個句子：「晨星是一個被太陽照亮的物體」和「昏星是一個被太陽照亮的物體」，弗雷格認爲這兩個句子的思想是不同的，一個人若不知道晨星是昏星，可能會認爲一個句子是眞的，而另一個句子是假的。因此思想不是句子的意謂，而是句子的意義。這個例子說明，兩個同樣意謂的句子可以表達得不同，也可以得到不同眞値的認識。這是因爲句子的表達與句子的眞假是不同的，即句子的意義和句子的意謂是不同的。

第二個例子是一個句子：「奧德賽在沉睡中被放到伊薩卡岸上」。弗雷格認爲，這個句子顯然有意義，但其眞値是不確定的。我們可以考慮這個句子的意義，而不考慮這個句子的眞値，這樣只要考慮句子部分的意義就夠了。我們也可以考慮句子的眞値，這樣就必須考慮這個句子部分的眞値。但是奧德賽這個名字是否

---

⑬　弗雷格，頁97。

有意謂是不確定的，這樣就無法確定整個句子是否有意謂，因而無法確定整個句子的眞值。這個例子說明，理解一個句子的意義與認識一個句子的意謂是不同的。它還說明，句子的眞值與句子部分的意謂有關，在這個例子中，則是和句子中的專名有關。

除了區別句子的意義和意謂，弗雷格還從眞值的角度闡明了句子的兩種重要性質：

第一種性質：如果「一個句子的意謂就是它的眞值，那麼當句子的一部分被意謂相同而意義不同的一個表達式替代時，句子的眞值必須保持不變」[14]。

第二種性質：「如果一個句子的眞值就是它的意謂，那麼一方面所有眞句子就有相同的意謂，另一方面所有假句子也有相同的意謂」[15]。

弗雷格對這兩種性質沒有展開說明。表面上看，他只是在此之後依據這兩種性質檢驗了語言中的情況，從而證實這兩種性質的合理性。而實際上，聯繫他關於概念文字的思想，就很容易理解這兩種性質。在構造概念文字時，他引入了斷定符號，一個帶斷定符號的表達式相當於一個判斷，即對思想的眞或假的斷定，比如，|——A即是對A的眞的判斷，|—┬—A 則表示A爲假。由此出發，一個思想只有這兩種情況。對所有眞的思想來說，只有|——這一種情況，而對於所有假的思想來說，只有|—┬—這一種情況，這恰恰就是上面說的第二種性質。在構造概念文字時，當引入函數和自變元之後，就產生代入的問題。在弗雷格思想中，自變元隸屬於函數的一部分，自變元的變化帶來了函數的變化，但

[14] 弗雷格，頁98。
[15] 弗雷格，頁98—99。

是代入等值的自變元，函數值不變。由此出發，句子也可以相應地被看作這樣兩部分，這恰恰就是上面說的第一種性質。這兩種性質對於弗雷格構造他的概念文字和建立邏輯演算系統極爲重要，因此在〈論意義和意謂〉這裡出現絕不是偶然的，可以說，這裡是對他在概念文字中得出的這兩種性質的應用，或者說是他把對形式語言研究的結果推廣到一般語言情況上得出的普遍性的結論。

句子的意義是它的思想，句子的意謂是它的眞值。從句也是句子，那麼從句的意義是不是它的思想，從句的意謂是不是它的眞値呢？弗雷格對這個問題也進行了詳細地探討。他從語法學家提供句型分析出發，通過舉例分析，探討了名詞從句、同位語從句和狀語從句，最終說明了從句的一些特徵和性質：

(1) 從句的意謂不是眞值，而是思想。在間接引語中，由於使用指示代詞，從句沒有通常的意謂，而只有間接的意謂。它的意謂是從句的思想。(2) 從句不表達思想，只表達思想的一部分。在間接引語中，由於使用指示代詞，從句沒有通常的意義，而只有間接的意義。它的意義是整個句子的思想的一部分。在名詞從句中，定冠詞只有語法功能，從句缺乏獨立的主語，因而，表達的思想是不完整的。在假言句子結構中，由於從句中使用了不確定的帶提示性成分的詞，因此只表達不完整的思想，它表達的只是整個句子的一部分。(3) 從句不僅表達一個思想的一部分，而且本身表達一個思想。在這種情況下，從句中一般有專名或相應於專名的語詞出現。在間接引語中，從句的意謂是思想，但是由於從句中有專名或相應於專名的語詞出現，因而本身是完整的句子，它的意謂是思想。這樣，從句就有兩個不同的意謂，一個是思想，一個是眞值。(4)由於從句的性質，往往除了句子表達的思想外，還表達有隱含的思想。(5)由於從句有以上一些特徵和性質，因此在有些情況下，可以把一個從句代之以另一個具有相同眞值的句子。當從句表達完整的思想時，我們可以這樣做。(6)由於從句有以上特徵和性質，因此在有些情況下，不能把一個從句簡單地代之以另一個具有相同眞值的句子。

應該指出，弗雷格對於從句的分析是相當出色的。但是由於他是舉例說明，因此很難全面地窮盡各種可能性。雖然他試圖從語法形式入手，盡可能全面地說明從句的意義和意謂，但是正像他所說的那樣，「人們很難詳盡探討語言中出現的所有可能性」⓰，因此語言的豐富性和語言表達方式的多樣性使他無法全面地說明從句。實際上，這裡最重要的問題並不在於弗雷格對於從句研究分析到什麼程度，有了哪些發現，遺留哪些問題，而在於他的論述對於他的主要思想，即句子的意義是它的思想，句子的意謂是它的眞值有沒有幫助。弗雷格正是通過對從句的探討，說明他「基本發現了爲什麼把一個從句代之以另一個具有同樣眞值的句子並不總是損害整個主從複合句的眞值的原因」⓱，從而說明，雖然在有些情況下，從句不能被代之以另一個具有相同眞值的句子，但是這「並不證明任何與我們的觀點(即句子的意謂是眞值，而句子的意義是一個思想)相反的東西」⓲。因此，我們應該從弗雷格的主要思想，即句子的意義是思想，句子的意謂是眞值這一點上去理解弗雷格對於從句的說明，而不應該孤立地看待這個

⓰ 弗雷格，頁112。
⓱ 同⓰。
⓲ 同⓰。

問題。

同時，我們也應該看到，弗雷格對於從句的說明雖然是舉例的，但是其中仍然有許多極其有價値的思想。首先，其中談到普遍性問題。它實際上是指出全稱量詞的邏輯表達形式。其次，舉例還談到隱含的問題，這是自然語言邏輯中極其重要的問題；舉例也談到預設的問題，這也是自然語言邏輯中極其重要的問題。人們常常引用弗雷格的例子，並由此說他是談論預設問題的第一人。最後，弗雷格討論的從句問題基本上是內涵語句的問題，它涉及到內涵邏輯的問題。這也是現代邏輯研究中人們關心的重要問題之一。許多人認爲弗雷格是探討內涵邏輯的第一人。

四、概念詞的意義和意謂

弗雷格認爲，在概念詞也可以區別出意義和意謂。但是在探討概念詞的意義和意謂時，他首先指出，人們很容易把概念和對象的劃分與意義和意謂的區別混淆起來，而一旦造成這種混淆，就會把意義和概念融合起來，把意謂和對象融合起來，因此必須注意這裡的差異。

弗雷格指出:「一個概念詞意謂一個概念」⓳。正像間接引語的意謂是思想不太容易理解一樣，這裡，概念詞的意謂是概念似乎也不太容易理解。按照一般的理解，或者說，按照傳統邏輯的理解，概念分爲內涵和外延。概念的內涵是概念所反映的事物的特有屬性，簡單地說，就是概念的涵義。而概念的外延是具有

⓳ Frege,〔b〕p. 128.

概念所反映的特有屬性的那些事物。但是弗雷格所說的概念詞的意謂既不是通常所說的概念的外延，也不是通常所說的概念的內涵，而是概念。概念詞的意謂不是概念的外延，也不是一般的對象。概念詞的意謂是概念。因此，概念不是對象，也不是概念的外延。絕不能用概念的外延冒充概念詞的意謂，從而混淆了概念的外延和對象與概念的差異。而且，正如前文已經說明的那樣，弗雷格所說的概念本身與傳統所說的概念也是不同的。傳統所說的概念是人們認識個別事物的抽象反映，或者說是一些同類事物具有的共同性質的抽象，因此是與個別的事物聯繫在一起的。而弗雷格所說的概念是一個其值總是一個眞值的函數，是與句子和眞假聯繫在一起的。在與概念相關的地方，弗雷格強調說，「這裡的核心總是包含著眞」⑳。因此，只有從弗雷格把概念看作函數這一點出發，我們才能清楚地理解他的思想。

弗雷格所說的概念詞就是我們一般所說的通名，弗雷格故意不用通名而用概念詞，乃是爲了區別。他說:「『通名』這個詞誘使人們以爲通名與專名一樣，基本上也是與對象相聯繫的，只不過專名是單個稱謂的，而通名是普遍地用於許多事物的。但這是錯誤的。因此我才不說『通名』而說『概念詞』」㉑。這就清楚地說明，概念詞不是與外界對象相聯繫的，而是與概念相聯繫的。

在這裡我們可以清楚地看出，在弗雷格關於意謂的論述中，如果我們加上傳統關於概念的內涵和外延的區分，則有三個層次:

---

⑳ Frege,〔b〕p. 129.
㉑ Frege,〔b〕p. 135.

概念詞——概念——＜內涵／外延

1891年，即大約在寫〈對意義和意謂的解釋〉的前一年，弗雷格在寫給胡塞爾的信中畫了兩個圖，說明自己在概念詞的意義和意謂這一區別上與胡塞爾的區別。

第一個圖是:

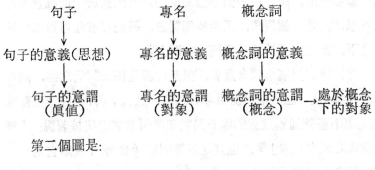

句子 → 句子的意義(思想) → 句子的意謂(眞值)

專名 → 專名的意義 → 專名的意謂(對象)

概念詞 → 概念詞的意義 → 概念詞的意謂(概念) → 處於概念下的對象

第二個圖是:

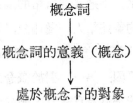

概念詞 → 概念詞的意義（概念）→ 處於概念下的對象

第一個圖表達了弗雷格的觀點，它說明從概念詞達到對象比從專名達到對象要多一步。第二個圖表達了胡塞爾的觀點，它說明從概念詞到對象與從專名到對象的步驟相同。表面上看，這裡僅僅是這一步之差，實際上它反映出弗雷格和胡塞爾的一個十分重要的區別。胡塞爾的觀點基本上是傳統的關於概念區分爲內涵和外延的觀點。專名與一個對象發生聯繫，概念詞與多個對象發生聯繫。弗雷格的觀點則與此不同。他關於意義和意謂的區別不是內涵和外延的區別，而是一種層次上的區別。專名與對象發生聯繫，而概念詞與概念發生聯繫。概念詞是在句子中概念詞的語詞層次上理解的，它的意謂是概念，概念是在概念詞的意謂層次上理解的。概念可分爲內涵和外延，內涵和外延是在概念層次上理解的。因此我們不能在傳統的意義上理解弗雷格所說的概念詞的意謂。

弗雷格說，概念詞的意謂「既不是由一個對象，也不是由幾個對象形成的，而是由一個概念形成的。當然對於一個概念現在又可以問，是一個對象，還是多個對象，還是沒有任何對象處於它之下。但是這直接地只與概念有關」㉒。

弗雷格認爲概念詞有意義，但是什麼是概念詞的意義，他沒有明確說明。他只是在說明專名必須有意義，否則就是空符號串，專名僅僅通過意義的媒介與對象聯繫起來之後接著說：「概念詞也必須有意義」㉓。也許他這裡同樣隱含著「否則它是一串空的聲音」這樣一句話。不過從弗雷格的論述看，他主要談論的是概念詞的意謂。他的論述給人一種印象，似乎他不擔心人們不理解概念詞的意義，而只是擔心人們不理解概念詞的意謂。我想，這裡可能有兩個原因：第一，對於概念詞的意義，人們一般是不會有疑問的，它若是沒有意義，人們就會無法理解語言，因此概念詞有意義似乎是自明的，從而用不著過多地解釋；第二，對於概念詞的意謂，人們卻會有疑問，因爲它與人們通常的理解是不一樣的，因此必須對它進行說明，特別是要說明它是與眞緊密相關的。

㉒ 同㉑。
㉓ 同㉑。

弗雷格說:「原則上說，相應每個概念詞或專名都有我所使用的那樣的意義和意謂。在虛構中，語詞當然只有意義，但是在科學中和任何我們探討眞這一問題的地方，我們都不會滿足於意義，而是把意謂與專名和概念詞聯繫起來」[24]。對這段話，從字面上大概任何人也不會有什麼理解上的問題。但是弗雷格爲什麼強調他「所使用的那樣的意義和意謂」呢？直觀的解釋是他說的意義和意謂一定有特殊的地方，也就是說，有與一般人所說的不一樣的地方。那麼有什麼不一樣的地方呢？我想，這一定是指弗雷格是圍繞著眞而使用「意義」和「意謂」這一術語的。而圍繞著眞，即是圍繞著句子。

前面我們說過，弗雷格有時候也說謂詞的意謂是概念，他說的謂詞不完全是我們一般理解的謂詞，而是句子中去掉專名所剩下的不完整的部分。比如在「亞里士多德是哲學家」這個句子中，謂詞是

「(　　)是哲學家」

但是在「哲學家是愛思考的」這個句子中，作主詞的「哲學家」也是概念詞，它有謂述性質，它表達的是

「是哲學家的，就是愛思考的」

或者說

「對任何人來說，如果他是哲學家，他就是愛思考的」

因此根據弗雷格的解釋，概念詞「哲學家」和謂詞「是哲學家」的意思是一樣的。而且正是在這一點上，弗雷格所說的概念詞的意義與我們通常所說的意義是不一樣的。弗雷格所說的意義是在

---

[24] Frege,〔b〕p. 128.

句子中，是確定句子眞假的東西。只有在句子中，只有考慮眞假，才會把「哲學家」與「是哲學家」等同起來。在這樣的考慮中，按照弗雷格的思想，句子的意義是它的思想，句子的意謂是它的眞值。句子是由其部分組成的。最簡單的句子是由專名和謂詞構成的，句子的意義是由句子的部分的意義構成的，因而是由專名的意義和謂詞的意義構成的。概念詞是句子的一部分，因此概念詞也必須有意義，概念詞的意義參與構成整個句子的意義。句子的意謂是由句子部分的意謂決定的，因而是由專名的意謂和謂詞或概念詞的意謂決定的。專名的意謂是專名所表示的對象，謂詞或概念詞的意謂是它們表達的概念，因此思想的眞假是由對象和概念的關係決定的。

五、是所指還是意謂

弗雷格使用的「意謂」(Bedeutung)一詞，英文最初的譯法有「denotation」和「nominatum」。自從1952年吉奇和布萊克的英譯本《弗雷格哲學著作選譯》問世以來，這個詞的英文通用譯法是「所指」(reference)。使用這個術語產生了許多問題。例如，專名的所指是對象就很容易理解，但是句子的所指是眞值就很難理解。「所指」這個中文翻譯最初來自英文，就是說，它不是從德文「Bedeutung」翻譯過來的，而是從英文的「reference」翻譯過來的。「指」作名詞表示手指，作動詞表示用手指向某物的動作；「所」是個虛詞，本身沒有意思。二者結合起來，「所指」的意思是「被指的東西」，以「所指」作「Bedeutung」的翻譯，把具體的東西理解爲「被指的東西」似乎沒有什麼困難，但是把眞和假理解爲「被指的東西」就會有很大困難，因爲用手指無法去指眞和假。因此從中文術語「所指」出發，專名的所指是不難理解的，但是對於句子的所指，就不是那麼容易理解了，因爲很難理解眞和假怎麼成了句子的「所指」。實際上，中文的這種譯法帶來的偏差恰恰是英譯名「reference」造成的。因爲，首先中文「所指」作爲翻譯是比較忠實於「reference」的，「reference」恰恰有「指的行爲」這種涵義，否則在英語國家中不會出現這樣一種現象：人們很難理解句子的所指，卻不難理解專名的所指。中文的另一個譯名是「指稱」，這是根據英譯「nominatum」來的，「稱」當命名、稱呼講，「指」的意義不變，因而用「指稱」這一翻譯並沒有改變問題。

從弗雷格的著作來看，他關於意義和意謂的思想有幾點值得注意。首先，他在著作中自始至終使用「意謂」(Bedeutung)一詞，但是直到1890年以後，他才一致地使用「意義」，而在1890年以前，他用了不同的詞來表示它。例如，在《概念文字》中，他使用「內容」(Inhalt)；在《算術基礎》中，他使用「可判斷內容」(beurteilbar Inhalt)或「意義」(Sinn)。因此我們可以看到他談論內容和意謂，可判斷內容和意謂，以及意義和意謂。這表明在弗雷格的使用中，意謂始終是一致的，而意義不是一致的。其次，在1890年以前，弗雷格在一些地方談到意義和意謂，但是在他的語境原則中，當他運用、解釋和強調語境原則的時候，他使用的是意謂。這說明意謂在他的思想中有特殊的作用或重要性。第三，到了1892年，他不僅明確定義了或確切地描述了專名的意謂，句子的意謂和概念詞的意謂，而且努力詳細地解釋句子的意謂。相比之下，對於句子的意義他只有簡單的定義，而對於專名和概念詞的意義，他幾乎沒有詳細的描述。這說明到1892年時，意謂是比意義更技術性的、更準確的和更重要的概念。當我們試圖理解弗雷格關於意義和意謂的思想時，必須考慮這些特點。

把弗雷格的 Bedeutung 譯成「所指」，大致有以下幾點原因:

(1)「所指」(reference) 似乎與弗雷格在〈論意義和意謂〉開始時談論的「Bedeutung」並無相悖之處。如果僅讀這篇文章並且簡單地順文理解，似乎是可以成立的。

(2) 羅素在〈論指謂〉(On Denoting) 這篇文章中探討了專名和摹狀詞的問題，建立了摹狀詞理論。他提到弗雷格，並批評了弗雷格關於專名的說法。自這篇文章起，探討專名問題必談羅素這篇文章，由此必談弗雷格，因此認爲弗雷格有一個專名理論，並在羅素的「指謂」的意義上把弗雷格的「Bedeutung」翻譯爲「所指」似乎是很自然的。

(3) 在傳統邏輯和哲學中，概念分析的一種基本方法是區別出概念的內涵和外延。這種方法幾乎是人人皆知並且用來得心應手。在這種背景下,很容易在專名的情況中把弗雷格的「Bedeutung」譯爲「所指」。以晨星爲例,晨星的意義就像是它的內涵,根據它我們可以理解這個詞，而晨星的所指就像是它的外延，以此我們可以指一顆行星，並說這是這個詞指稱的東西。在這一點上，意義和內涵與一個詞或一個名字的內容聯繫起來，而所指和外延與一個詞或一個名字所代表的對象聯繫起來。唯一的區別僅僅在於在專名區別出意義和所指，而在概念區別出內涵和外延。例如，格雷林就說：「意義與所指之間的區別類似於內涵和外延之間的區別」㉕。但是這種理解與弗雷格的思想是不一致的，因爲弗雷格在探討概念詞的意義和意謂時告誡我們不要把意義和意謂的區別與內涵和外延的區別混淆起來㉖。

(4)「meaning」一詞在20世紀哲學中有一種專門的意義，而且它的使用常常與我們的理解或語義學聯繫起來。比如，在語言哲學中，意義理論 (theory of meaning)是有專門含義的。在意義理論的框架下，人們研究句子的意義和所指，研究句子部分的意義和所指，其中包括專名的意義和所指，因此「意義」是更寬泛的概念。在這種情況下，如果把「Bedeutung」翻譯爲「meaning」，似乎就擴大了「Bedeutung」的涵義；而由於把「Bedeutung」只看作與世界中的具體對象相聯繫，因而根本就不能把它翻譯成「meaning」。

此外，在學術界圍繞「Bedeutung」的譯法有一段非常有趣的歷史，而且這確實說明些問題。一方面，1958年，英國出版了《大英哲學百科全書》，達米特在他寫的「弗雷格」這一條目中，把「Bedeutung」譯爲「meaning」，而在15年以後的1973年，當他出版他的名著《弗雷格的語言哲學》時，他把「Bedeutung」譯爲「reference」。這說明他開始時不同意把「Bedeutung」譯爲「reference」，但是由於「reference」這種譯法已廣爲接受了，他不得不改變他的翻譯㉗。另一方面，吉奇和布萊克於1952年出版了他們的譯著《弗雷格哲學著作選譯》。在這一

㉕ Gryling, p. 33.
㉖ Frege,〔b〕p. 128.
㉗ 1992年我專程訪問了達米特教授，並向他詢問了有關這一譯名的這段歷史。對於這次訪問及談話內容，詳見《哲學動態》第7期，1993年。

版本中，他們把「Bedeutung」譯爲「reference」，但是到了1980 年該書出版第三版時，他們把「Bedeutung」又改譯爲「meaning」。他們這樣做似乎是爲了「使弗雷格的術語使用在所有翻譯中一致起來」㉘。但是他們爲什麼不用「reference」作爲統一的翻譯術語呢？如果人們想在對一個詞的兩種譯法中做出取捨，當然應該保留那個更好的、更合適的譯法。而吉奇和布萊克改變翻譯的做法表明他們實際上接受了朗和懷特的批評㉙。如果一個翻譯不給我們理解弗雷格的思想造成障礙，這個翻譯就是好的。但是「所指」一詞的翻譯情況顯然不是這樣。

以上簡短的說明，旨在指出使用「所指」這一譯法是有問題的。我願意使用「意謂」這一術語，在英文中我傾向於使用「meaning」或「significance」，儘管也有這人認爲這些譯法有問題的㉚。下面我們進一步論述這個問題。

㉘ 參見 Geach/Black，第三版序。

㉙ 朗和懷特在其英譯《弗雷格遺著選》的序中對「reference」這種譯法提出了批評。他們採用的是「meaning」這一譯法。

㉚ 應該指出，對於以「meaning」翻譯「Bedeutung」，也是有不同看法的。圖根哈特認爲，對於德文「Bedeutung」，英譯文「meaning」也有問題，因爲「在德語中，『Bedeutung』這個詞不僅在『meaning』的意義上使用，而且在『重要意義』的意義上使用。由於弗雷格顯然不是把『Bedeutung』理解爲這個詞通常的語義情境所意謂的東西，因此可以期待，對於弗雷格來說，當他選擇這個詞在語義學中引入一個新概念時，這個詞的第二種意義，即這種並非專門的語義意義就是重要的。在英語中，『重要意義』(significance)這個詞或多或少是像『Bedeutung』這個德文詞使用的，即不僅在『meaning』的意義上，而且在『重要性』(importance)的意義上使用的。此外，可以選用『significance』這個詞來翻譯弗雷格的這個表述，這是因爲在語義理論中，它相對地沒有確定的聯繫」(Tuggendhat, p. 231)。加布里勒則認爲，「對於理解弗雷格關於『Bedeutung』的使用來說，『Bedeutung』的副意義（Nedenbedeutung），即

理解意義和所指的區別之所以困難，是因爲首先從字面上就給我們造成了一種先入爲主的印象，好像意義和所指涉及了不同的東西。從字面上說，意義表示通過表達式本身可以把握的東西，而所指表示作爲實體特別是具體實體存在於外界的東西，比如亞里士多德、北京，等等。因此，當我們說一個專名的所指時就容易理解，當我們說一個句子的所指時就不容易理解。因此這裡首先就有一個問題：從字面上弗雷格是不是表達了這樣的意思？事實上，在弗雷格的著作中是沒有這樣的問題的。從字面上說，「意義」和「意謂」本身都是指通過表達式本身可以把握的東西，而不是指具體的實體。因此，這裡的根本問題在於「意義」忠實於弗雷格使用的「Sinn」，而「所指」不忠實於弗雷格使用的「Bedeutung」。因此可以說，字面上造成的這種理解上的困難不是來自於弗雷格的著作，而是來自於翻譯。也許有人會說，卽使從字面上弗雷格沒有表達出這種意思，他實際上仍然表達了這種意思，因此我們應該認眞地看一看，弗雷格表達的究竟是什麼意思。

弗雷格認爲，句子的意義是它的思想，句子的意謂是它的眞值：眞和假。這是他的一個最基本最重要的思想。但是他也說，從句的意謂是一個思想，概念詞的意謂是一個概念，謂詞的意謂

『重要性』甚至比圖根哈特認識到的還要重要」(Gabriel, p. 373)。這就說明，以「meaning」來翻譯「Bedeutung」也不是絲毫沒有問題的。今天人們似乎都相信，弗雷格是在一種專門的特殊的意義上使用「Bedeutung」的。因此有人以專門的方式表示它。例如德國學者庫車哈在著作中以加下標「f」的方法，卽「$Bedeutung_f$」來表示弗雷格說的「Bedeutung」。英國學者艾文斯在著作中以大寫的方法，卽「Meaning」來表示弗雷格說的「Bedeutung」。

是一個概念。思想、眞值和概念顯然不是具體的實體。所有這些東西屬於一個可能不涉及具體事物的領域。前面我們說過，弗雷格故意不用「通名」而用「概念詞」，並且明確地說明使用通名容易使人產生誤解，以爲通名與專名一樣，與對象相聯繫。專名的意謂是對象。概念詞的意謂是概念。所謂專名與對象相聯繫是說專名的意謂是對象，而概念詞不與對象相聯繫是說概念詞的意謂是概念。因此在弗雷格的思想中，「意謂」(Bedeutung) 是不應該與具體事物直接發生聯繫的。此外，在弗雷格的論述中有一個顯著特徵，這就是意義和意謂有非常明顯的相似性，因爲句子的意義是思想，而從句的意謂也是思想（間接意謂）。因此弗雷格在意義和意謂之間作出的區別就不是對兩種完全不同的、屬於不同領域的東西作出的區別，比如像一個句子所表達的東西和存在於外界的東西之間的區別。因此意謂不可能是指客觀外界的具體事物。弗雷格使用的「意義」和「意謂」這兩個德文詞，從字面上說有類似的含義，但是不完全相同，因而可以表明上述所有特徵。

在《算術的基本規律》中，弗雷格論述了自己的思想自概念文字以後的發展，其中對意義和意謂的區別有一段說明。在概念文字中，他談論可判斷內容。而到了後來，可判斷內容發生了變化。弗雷格說，可判斷內容「現在對我來說分爲我稱之爲思想的東西和我稱之爲眞值的東西」㉛，因此根據弗雷格自己的論述，意義和意謂的區別產生於可判斷內容，是從句子可判斷的內容發展出所謂以意義表達的東西和以意謂表達的東西。因此可以說意義

㉛ Frege,〔d〕X.

和意謂與句子的內容有密切的聯繫。此外，在〈論意義和意謂〉中，弗雷格對意義和意謂還有一段說明:

> 我們一般也承認並要求句子本身有一個意謂。只要我們認識到句子的某一部分沒有意謂，思想對於我們就失去了價值。因此，我們大概完全有理由不滿足於一個句子的意義，而總是探討它的意謂。但是我們為什麼要求，每個專名不但有意義，而且有一個意謂呢？為什麼思想滿足不了我們呢？一般來說重要的是句子的真值。情況並非總是這樣，比如，聆聽一首史詩，除了語言本身優美的語調外，句子的意義和由此喚起的想像和感情也深深吸引打動了我們。若使尋找真這一問題，我們就會離開這些藝術享受，而轉向科學的思考。……因此對我們來說，追求真就是努力從意義推進到意謂㉜。

從這段話可以看出，句子的意義和意謂有一種層次上的區別。把握句子的意義是一個層次，把握句子的意謂是另一個更進一步的層次，我們可以這樣表達弗雷格的思想：就句子內容來說有兩個層次：層次^{1}和層次^2。層次^{1}叫做思想，層次^{2}叫做眞值，眞值可分爲眞和假。在接觸句子內容的時候，我們可以達到層次^1，而不必達到層次^2。但是我們也可以從層次^{1}進到層次^2。研究層次^{1}與研究層次^{2}是不同的，因爲研究層次^{2}是研究眞假，而研究層次^{1}不是研究眞假。

㉜ 弗雷格，頁97。

弗雷格在〈對意義和意謂的解釋〉中還說:

> 在科學中和任何我們探討眞這一問題的地方，我們都不會滿足於意義，而是把意謂與專名和概念詞結合起來[33]。

從這段話我們就可以更加淸楚地看出，意謂與意義的區別主要在於眞這一問題上。探討眞是從句子的意義進到眞值，即從句子的思想進到眞。在含有專名的句子中，專名的意謂對句子的眞有至關重要的作用，因此探討眞要考慮專名的意謂。句子中若有概念詞，概念詞的意謂對於句子的眞就有至關重要的作用，因此探討句子的眞要考慮概念詞的意謂。

如果我們以弗雷格給胡塞爾的信中的方式畫一個圖，就可以更淸楚地看出他關於意義和意謂的思想:

表達式:	句子	專名	謂詞
意　義:	思想	思想的一部分	思想的一部分
意　謂:	眞值	對象	概念

由此我們可以淸楚地看出，意義和意謂之間的區別不是內涵和外延之間的區別，也不是句子所表達的意思和處於外界中的那些屬於不同領域的東西的區別。意義和意謂的區別只是一種與句子內容有關的區別。由於這種區別，可以把內容分爲兩部分，它們處於不同的層次。這種簡單的區別具有重要意義。

㉝ Frege,〔b〕p. 128.

如果以「意謂」(meaning) 來翻譯「Bedeutung」就會反映出這種區別。從字面上說，「意義」和「意謂」有些相似性，也有一些區別。如果我們說句子的意謂是它的眞值，即眞和假，從句的意謂是它的思想，概念詞的意謂是它的概念，那麼在意謂與眞值、思想和概念之間似乎就有一種聯繫，不論我們如何解釋「意謂」這個詞，至少從字面上就可以看出，它適合於用來解釋眞值、思想和概念這些詞，因爲它與這些概念的聯繫是完全可以理解的。

也許有人會說，把「Bedeutung」譯爲「所指」並不錯，因爲根據弗雷格的思想，眞值，即眞和假，也是對象。確實，在某種意義上說，弗雷格把眞值看作句子意謂的對象。但是如果我們認爲，由於專名的所指是對象，句子的所指也是對象，因此可以把「Bedeutung」譯爲「所指」，那麼在解釋弗雷格的思想時，就會產生一種十分嚴重的混淆。首先我們就要問，專名所指的對象與句子所指的對象是不是相同意義上的對象。從弗雷格的著作中我們可以看出，它們不是相同意義上的對象。一個專名所指的對象可以是外界的具體事物，而一個句子所指的對象，即眞值，卻不能是外界的具體事物。因此專名所指的對象和句子所指的對象是不同的。

一個專名所指的對象可以是外界的具體事物，但是一個專名所指的對象也可以不是外界的具體事物，而是一個抽象對象，比如數字所指的對象。在這種情況下，一方面，我們必須區別專名所指的對象既有具體的對象也有抽象的對象，另一方面，我們還必須在同樣是抽象對象，即專名所指的對象與眞值之間作出區別。弗雷格正是這樣做的。例如他區別出兩類函數，一類函數只有數作值，比如「x^2+y^2」，另一類函數的值確總是一個眞值，比如「$x^2+y^2=5$」。在自然語言的句子中反映出來的這種區別也存在於專名與句子之間。

其次我們還要問：眞值是什麼樣的對象？如上所說，由於眞值和思想與句子內容聯繫在一起，我們可以聯繫弗雷格所說的思想來考慮眞值。在弗雷格看來，思想是可以被把握的，因此思想是對象，但是思想與外界的具體對象是不同的，因爲他們沒有時間性，是永恒的和不變的，旣不是外界的事物，也不是我們內心的表象，它們屬於第三領域——它們與句子內容相聯繫（關於思想的這些性質，我們將在第六章詳細討論）。我們看到，眞值幾乎具有與此相同的性質，他們同樣旣不是外界的事物也不是我們內心的表象。在弗雷格看來，眞值也是沒有時間性的，眞假本身也是不變的，因此可以說它們也屬於第三領域——它們與句子內容相聯繫。所以，即使我們說眞值是對象，它們也不是與專名的對象同等意義上的對象，而是與思想同等意義上的對象。

在做出這些區別以後，我們就可以看出，如果把「所指」理解爲對象，從而把「Bedeutung」翻譯爲「所指」，就會爲理解弗雷格的思想帶來上述混淆。實際上，我們不能簡單地在對象的意義上理解「Bedeutung」，如果我們在「對象」的意義上理解它，我們就必須區別專名所指的對象，還要區別專名所指的對象與眞值所指的對象。但是應該說，這些問題是關於對象的問題，而不是關於「Bedeutung」的問題。

這裡還有一個問題：弗雷格爲什麼要先談專名的意義和意謂呢？爲什麼他把專名的意謂說成是他們所指或所代表的對象？達米特認爲，弗雷格的 Bedeutung 這一概念從一開始就有兩種完全不同的成分，一種是名字和載體的關係，另一種是語義作用。當用於專名時，它似乎是用來表示這個名字的載體，而這一點也適用於摹狀詞和其他複雜的單稱詞項。當 Bedeutung 用於不完整的表達式或整個句子時，它似乎是表示句子中有意義的單位以及整個句子都有一種 Bedeutung。爲了區別，在前一種情況，達米特用 referent（所指物）這個詞，而在後一種情況，他使用 reference（所指）這個詞。基於這種觀點，達米特認爲，弗雷格把一個專名的所指是它的載體看作當然的，因爲對他來說，所指這一概念起著語義值的作用，而一個專名的所指是它的載體就是所指這個概念的一部分㉞。我認爲，達米特的這種解釋是正確的。但是，爲什麼一個專名的所指是它的載體就是弗雷格的意謂這一概念的一部分？它是如何起這一部分的作用的？我認爲對於這一問題，應該從弗雷格的邏輯觀去尋找答案。

弗雷格認爲，邏輯研究眞，作爲邏輯學家，他就必須指出什麼是眞和如何研究它。他在《概念文字》中構造了一種形式語言並建立了一個邏輯演算系統，以此他告訴我們如何研究眞。但是在自然語言中，我們如何研究眞呢？弗雷格的方法是區別意義和意謂：句子的意謂是眞值，即眞和假。這樣，他就說明，由於邏輯研究眞，因此在自然語言中，邏輯應該研究眞值，或者說從眞值的角度去研究句子。在探討自然語言的語句時，直觀上說，從以單稱詞作主語的簡單句出發是很自然的。因此，他首先談論專名的意義和意謂。我想這裡可能還有另一個原因，即最初他構造形式語言和邏輯系統時，引入了數學中的函數概念，而他對函數這

㉞ 參見 Dummett,〔c〕pp. 172—173.

一概念又做了兩個方向上的擴展。一方面他引入「＝」、「<」、「>」，從一般函數擴展到等式，從而實際上擴展到句子；另一方面他從數擴展到具體的人物，比如凱撒。這樣，他在自然語句的範圍內探討邏輯問題時，就必須談到專名。此外，有時我們可以不涉及句子的意義，而是通過分析句子結構和邏輯推理來探討眞。例如，我們不用知道賈寶玉、林黛玉、薛寶釵是誰，就可以知道「賈寶玉愛林黛玉，並且賈寶玉愛薛寶釵，所以賈寶玉愛薛寶釵」這個句子是眞的。但是有時我們不涉及句子的意義就無法知道一個句子是不是眞的，特別是在以單稱詞爲主語的表達科學規律或歷史事實的簡單句子中，比如「弗雷格於1925年逝世」這個句子就是如此。我們必須知道是否有一個人叫弗雷格，他是不是有「於1925年逝世」這種性質。考慮這樣的句子，必須與其中出現的專名聯繫起來，因此在決定這樣的句子的眞值時，必須考慮其中出現的專名。所以專名的意謂是其載體這一思想在弗雷格關於意義和意謂的思想中才具有重要性。

從語言的角度說，「Bedeutung」雖然不是表示客觀外界的對象，而是表示句子內容方面的東西，但是卻可以在比喻或引申的意義上表示外界的對象。比如我們可以說「亞里士多德意謂一個人。這個人是柏拉圖的學生，是邏輯的創始人」。在這裡，意謂有「指」的意思。而這種「指」的含義不是「意謂」這個詞字面的意思，而是從它引申出來的。

六、專名理論

關於弗雷格對意義和意謂的區別，人們有許多不同的解釋。

其中有一個比較普遍的觀點認爲，弗雷格把專名的意義和所指擴展到謂詞和句子。根據這樣的觀點，似乎弗雷格先有關於專名的意義和所指的理論，然後才有關於句子的意義和所指的理論，關於謂詞的意義和意謂的理論。在這種意義上說，關於專名的意義和所指的理論是居先的，關於句子的意義和意謂的理論是在後的。由於後者是從前者擴展來的，因此似乎前者是基礎的，從而也更重要。許多人正是從這樣的觀點出發來理解弗雷格的思想，從而對弗雷格關於句子的意義和所指的區別持否定態度。例如塞爾認爲，弗雷格在語言哲學中最重要的唯一的發現是對意義和所指的區別。他先在專名做出這種區別，然後把這種區別從單稱指謂表達式擴展到謂詞和整個句子，但是這種擴展不太令人信服，在歷史上也不如原來對指謂表達式的區別有影響㉟。塞爾的這種觀點是有一定代表性的。

在現代語言哲學討論中，專名理論是一個十分重要的問題，在這個問題上，一般來說人們要麼首先從弗雷格-羅素的摹狀詞理論開始談起，要麼首先從弗雷格的專名理論談起。然而，無論是把弗雷格與羅素結合在一起談，還是把弗雷格單獨談，都說明人們認爲弗雷格有一個專名理論。語言哲學家把專名理論作爲指稱理論來討論，而且在指稱理論中，他們一般只討論專名和摹狀詞的指稱。因此他們一般來說都贊同或部分贊同弗雷格關於專名的意義和所指的理論，貶低弗雷格關於句子的意義和所指的理論。

無論如何，從這些論述可以看出，人們一般有幾點共同的認識：（1）弗雷格有一個專名理論；（2）弗雷格先有一個專名理

㉟ Searle, pp. 2—3.

論，後有一個句子理論，這是由對專名的意義和所指進行擴展而產生的；（3）弗雷格的專名理論比句子理論更有道理，也更重要。針對這三種看法，我要探討三個問題：第一，弗雷格是不是有一個專名理論？第二，弗雷格是不是先有一個專名理論，然後才有一個句子理論？也就是說，句子的意義和意謂是不是從專名的意義和意謂擴展來的？第三，在弗雷格的思想體系中，是專名理論更重要，還是句子理論更重要？如果說專名理論重要，那麼它的重要性是什麼？

在語言學範圍，專名理論屬於指謂理論。關於指謂的理論主要是探討語言表達式和外界事物之間的關係，因此專名理論主要是探討專名這樣的語言表達式和專名所指謂的對象之間的關係。在現代意義的專名理論中，有三個基本問題：（1）是區別專名和摹狀詞，因爲二者的邏輯作用是不同的，在人們的認識中所起的作用也是不同的；（2）是區別並探討專名的意義和所指，或者說，探討專名有沒有意義，專名的意義是什麼；（3）是探討專名的意義和所指之間的關係，即他們是如何決定的。正因爲這樣，現代意義的專名理論必然帶有這幾個問題所涉及的性質和特徵。比如，羅素認爲專名與摹狀詞是不同的，專名只是簡單的符號，它的作用是指示一個個體。摹狀詞則是由一些詞或短語組成的表達式。羅素還曾一度區分邏輯專名和普通專名，他認爲普通專名只是縮略的摹狀詞。他甚至還區別出虛假摹狀詞。克里普克也對專名和摹狀詞做出區別，他把專名稱爲嚴格指示詞，把摹狀詞稱爲非嚴格指示詞。關於專名有所指，人們一般沒有什麼不同的看法，但是關於專名有意義，人們的看法是有分歧的。比如，羅素認爲專名和摹狀詞都有意義，克里普克則認爲專名沒有意義，摹狀詞才有意義。在專名和摹狀詞的關係方面，人們的看法也不一樣。比如，羅素認爲，專名的意義取決於它所表示的個體是否存在。專名指謂的對象是由摹狀詞決定的。

後來維特根斯坦、塞爾等人由此發展出「簇概念」的說法。他們認爲，一個專名的所指不是由一個摹狀詞決定的，而是由一簇或一組摹狀詞決定的。克里普克則認爲，專名的所指並不是由摹狀詞決定的。

從羅素的摹狀詞理論到克里普克的歷史的因果命名理論，專名理論確實有了很大的發展。它的哲學意義和邏輯意義確實很値得我們深入地研究和探討。但是在這裡我並不想探討這些問題，而只想指出在解釋和評價弗雷格的思想方面存在的誤解。

在〈論意義和意謂〉這篇論文中，弗雷格在談到專名的意義時做了一個腳注：

> 當出現一個像「亞里士多德」這樣的真正的專名時，關於意義的看法當然可能產生分歧，例如有人可能認為他是柏拉圖的學生和亞歷山大大帝的老師，有人可能認為那位生於斯塔吉拉的、亞歷山大大帝的老師是這個專名的意義，持前一種看法的人就會以一種與持後一種看法的人不同的意義和「亞里士多德生於斯塔吉拉」這個句子聯繫起來。只要意謂相同，這些意見分歧就是可以容忍的，即使他們在一個進行證明的科學體系中應該避免，而在一種完美的語言中是不允許出現的㊱。

㊱ 弗雷格，頁91—92。

弗雷格的這段話常常被引用，克里普克在他的著作中甚至一字不動地引用了它[37]。可見它很重要。下面我們著重分析一下，看看這段話有什麼意思。

弗雷格在這裡談到「像『亞里士多德』這樣的眞正的專名」，這說明，他也知道一般的專名和摹狀詞是不同的。他不區別專名和摹狀詞，把它們統稱爲專名。因此很直觀的一個問題就是：弗雷格爲什麼不區別專名和摹狀詞？如果說他有一個專名理論，或者說他要建立一個專名理論，那麼爲什麼他知道專名和摹狀詞的區別而不區別它們呢？我們暫時先不回答這個問題。讓我們先來看看他舉的這個例子：

假定「亞里士多德」這個專名只有以下幾種意思：

(1) 這樣一個人，他是柏拉圖的學生。

(2) 這樣一個人，他是亞歷山大大帝的老師。

(3) 這樣一個人，他生於斯塔吉拉。

對於「亞里士多德」的意義，A認爲是(1)和(2)，B認爲是(2)和(3)。因此，A和B的看法不同，因爲(1)和(2)的意義與(2)和(3)的意義是不同的。這說明一個專名可以有許多摹狀詞。按照維特根斯坦和塞爾等人的「簇概念」的說法，「亞里士多德」這個專名的所指既不是由(1)和(2)決定的，也不是由(2)和(3)決定的，而是由(1)、(2)和(3)決定的。但是弗雷格並沒有討論這個問題。這裡還說明，在一個專名的意義上可能會產生不同的理解。這一點似乎有問題，而且似乎不是一般的問題。如果允許可以賦予專名不同的意義，那麼就會與弗雷格的另一個思想發生矛

[37] Kripke, p. 30.

盾。按照弗雷格的觀點，意義是語言表達式的意義，是客觀的東西，是懂得同一種語言的人可以共同把握的。既然如此，怎麼能夠「容忍」對「亞里士多德」這個專名的意義有不同的理解呢？

在這裡，人們往往忽略兩點，第一點是爲什麼弗雷格在注釋中而不在正文中談論這個問題。爲了更好地理解這個問題，讓我們看一看標有這段腳注的正文：

> 一個專名的意義要由這樣的人來理解，他對他所使用的語言或標記整體有足够的認識。但是在這種情況下，如果有意謂，那麼意謂總是只得到片面的說明。我們能够從每個給定的意義馬上說出它是否屬於一個意謂，這有賴於我們對這個意謂的全面的認識。我們從未達到這樣的認識㊳。

這段話大致有兩層意思。一層意思是說，理解意義的人要有正常的語言能力，就是說他會表達，知道他表達的是什麼意思，這樣的人才能理解專名的意義。另一層意思是說，構成一個專名的意義很多，如果對一種意義可以做出一種摹狀說明，那麼可以把一個摹狀詞看作一種意義。從一個摹狀詞或幾個摹狀詞可以理解專名。但是，由於一個專名可能會有許多摹狀說明，因而一個摹狀詞只是對一個專名所意謂的對象的片面的說明。比如注中舉例的「亞里士多德」。假定它有(1)、(2)和(3)三種摹狀說明。我們從(1)和(2)可以理解它，從(2)和(3)也可以理解它。但是這並不是從整體(1)、(2)和(3)去理解它，因此只是片面的說明。更

㊳ 弗雷格，頁91—92。引文中的注釋符號是弗雷格的。

何況我們還可以舉出

(4) 這樣一個人，他是《工具論》的作者。

(5) 這樣一個人，他是邏輯的創始人。

(6) 這樣一個人，他是德奧弗拉斯特的老師。

等等許多摹狀說明。很難說我們可以窮盡對「亞里士多德」這個專名的摹狀說明。這裡實際上暗含著一個十分複雜的問題，即對個體的定義的問題。個體是無法定義的，對個體只能做摹狀說明，實際上我們很難做到對一個個體給出完全的摹狀說明，但是這並不妨礙我們從已知的一個或幾個摹狀詞說明，理解並指出它或它們所表示的對象。弗雷格在這裡沒有做出更多的論述。但是按照他的思想來說，意義是客觀的，它不是被人們創造出來的，而是被人們發現的，因此一個專名的意義一定是客觀的。假定我們發現對它可以有 10 種摹狀說明，那麼這一定是它本身就有的意義，並不是我們創造出來的，我們只是發現了它們。然而，所有這些都只是對意義的說明，尤其是對專名的意義的說明。而這一點在弗雷格的〈論意義和意謂〉這篇文章中並不占有十分重要的地位。因此只需要在注釋中簡單地提一提就可以了。

第二點是爲什麼弗雷格在注中說：「只要意謂相同，這些意見分歧就是可以忍受的？」摹狀詞表達的是個體，對個體的摹狀說明也是爲了使人們理解個體。按照羅素的觀點，我們的知識分爲兩類，一類是親知的，另一類是通過摹狀而知道的。因此摹狀詞往往擴展了我們的認識。弗雷格在這裡所說的專名的意義，實際上是對專名的摹狀說明，因此，由此達到對專名所表示的對象的理解，就可以了。這樣理解弗雷格的注釋是可以的，但是這僅僅是表面的理解。實際上，在〈論意義和意謂〉這篇論文中，意謂是弗雷格考慮的主要問題，特別是句子的意謂，對於弗雷格來說是極其重要的。在含有專名的句子中，句子的意謂是由句子中專名的意謂決定的。因此對於專名的理解，在意謂上不允許出現偏差，否則就會影響句子的意謂。此外，弗雷格始終要求每個表達式必須有明確的意謂。因此專名的意謂不允許是含糊的。聯繫這些思想來看，弗雷格的意思就是說，只要不在專名的意謂方面造成問題，那麼對於專名的意義有了不同的理解，儘管有問題，但並不十分嚴重。對於意義，只要求它不給理解意謂造成困難，可以說這是很低的要求。可是弗雷格對意義，特別是專名的意義，恰恰只有這樣的要求。由此說明，弗雷格考慮問題的重點是意謂，他更強調的是意謂。因此，他不考慮專名的意義是如何形成的，也不考慮專名的內涵如何決定專名的外延。他只要求專名有意義，也有意謂。從專名的意義可以達到意謂。由此我們可以看出，在關於專名理論的兩個最基本的問題上，弗雷格與現代的語言哲學家們是不一樣的。弗雷格既不區別專名和摹狀詞，而是把它們統稱爲專名；也不專門探討專名的意義，而是強調專名的意謂（按照現代語言哲學家的理解，這應該是專名的所指）。於是我們自然會問，這是爲什麼？

我認爲，這個問題必須從弗雷格的整個思想去考慮。弗雷格並不是像現代邏輯學家和哲學家那樣專門探討專名理論。他也不是把專名問題作爲專名理論那樣去探討。他專門探討的實際上是關於句子的理論。他從語言出發，探討句子的意義和意謂，爲句子提供了一種分析模式，把句子描述成一種結構，並對這種結構提供一種語義說明。在對句子的論述中，涉及到專名，因此也要探討專名，但是對專名的說明只要滿足對句子的說明這一目的就足夠了。

如前所述，根據弗雷格的說明，句子的基本語法形式是：專名＋謂詞。它表現的結構就是一個帶有自變元的函數。對於這種句子的語義解釋是，句子有意義和意謂。句子的意義是它的思想，句子的意謂是它的眞値。由於句子是由句子部分構成的，因此整個句子的意義是由句子部分的意義構成的，整個句子的意謂是由句子部分的意謂決定的。句子部分必須有意義，否則整個句子就沒有意義，在這種意義上說，專名的意義是思想的一部分，因而專名有意義。謂詞的意義也是思想的一部分，因而謂詞也有意義。句子的意謂是眞値，專名的意謂是對象，謂詞的意謂是概念。句子部分必須有意謂，否則整個句子就沒有意謂。因此專名必須有意謂，謂詞也必須有意謂，即它們不能是空的。在這樣一種理論中，重要的不是專名的意義和意謂是如何形成的，而是確定專名的形式，即在句子中如何區分出專名和謂詞，因此弗雷格才會說，定冠詞是專名的標誌。因此他才會把專名、摹狀詞不加區分地統稱爲專名。正是有了這樣一種語法標誌，我們才可以識別專名和不是專名的東西。正是基於語法形式和句子結構的考慮，我們才不必區別專名和摹狀詞。因此，這裡對專名的論述完全是爲說明句子的結構和語義服務的，並不是爲了建立一個專名理論。

羅素認爲，弗雷格在專名區別出意義和所指，可以使人們避免矛盾律，而且這種區分有一個優點，它表明爲什麼常常值得斷定同一。但是他批評弗雷格的這種區別在所指是空的時會遇到麻煩。比如，「法國的國王是禿子」這樣的句子似乎不是關於「法國的國王」這種複雜的意義，面是關於這種意義指謂的具體的人。其中，「法國的國王」這個詞組有意義，但是沒有所指，因此有人會以爲這句話是廢話。但是它不是廢話，因爲它明顯是假的。作爲摹狀詞理論來考慮，羅素的批評確實有道理，但是作爲對弗雷格的批評，羅素的批評卻有不合適的地方。因爲在弗雷格的理論中，在考慮眞的地方，專名必須有意謂，也就是說，專名必須意謂一個確定的對象，否則句子就會沒有眞值。

克里普克批評弗雷格和羅素的傳統，認爲他們把專名等同於摹狀詞是錯誤的，因爲這樣就混淆了嚴格指示詞和非嚴格指示詞的作用，而在模態語境中，專名的邏輯行爲和摹狀詞的邏輯行爲是完全不同的。僅從弗雷格的思想看，這種批評也有不合適的地方。因爲弗雷格沒有考慮可能世界的語義解釋，他僅僅考慮了一般斷定句的意義和意謂，以及這種意謂是如何確定的。因此他沒有做出專名與摹狀詞的區別。

在弗雷格對專名的說明中，可以看到專名有一種十分明顯的性質，這就是能表示的對象是完整的或滿足的。由此專名與其他表達式區別開來。與此相應，對象是完整的或滿足的，因此也與概念區別開來。正是在這種意義上，弗雷格後來把句子也處理爲專名，因爲句子也具有完整或滿足的性質。按照現代語言哲學的一些觀點，雖然弗雷格的這種處理在邏輯系統中十分方便，卻是很成問題的。因爲句子所起的認識作用和價値與專名所起的認識作用和價値是完全不同的，二者根本不能混爲一談。這裡應該注意，現代邏輯在向自然語言分析的擴展過程中，總是存在一些差異的，切忌生搬硬套。實際上，弗雷格對專名和句子是有嚴格區分的。專名的意義和句子的意義是不同的。專名的意謂和句子的意謂也是不同的。專名的意謂是專名所表示的對象，而句子的意謂是句子的眞値。這是一條最根本的區別。

綜上所述，弗雷格實際上並沒有建立一個完整的專名理論，至少他沒有一個現代意義上的專名理論。他對專名有許多論述。如果說他的這些論述形成了他的一個專名理論，那麼這個理論充其量旨在爲他的句子理論服務。弗雷格對於專名的說明，無論是從語法形式上，或是從句子的邏輯結論上，還是從語言方面，都是爲句子理論服務的。因此他關於專名的論述，往往是僅僅到了滿足句子理論的需要爲止，不再繼續深入下去了。我們不否認在這樣的論述中弗雷格自然提出了極其重要的思想，他的思想對後人、對現代哲學中專名理論的形成和發展起了極其重要的作用。但是他關於專名的說明與現代的專名理論在出發點上，在討論的基本問題方面是有很大差異的。作爲專名理論本身的討論，我們可以接受羅素、克里普克等許多人對弗雷格的批評。但是作爲歷史的研究，作爲弗雷格本來思想的研究，許多對於弗雷格的批評卻是不合適的。因爲這些批評並不是嚴格地從弗雷格的思想出發，不利於我們準確地理解弗雷格的整個思想。實際上，當我們完整地理解了弗雷格的思想，比如像本文力圖所做的，我們就發現人們對弗雷格的許多批評是不能接受的。

第六章 思　　想

「思想」這個詞是我們經常說經常使用的，比如，我們說「哲學思想很重要」，「他的思想好」，「李紅是很有思想的」等等。仔細考慮一下，我們就會發現在這幾個句子中，「思想」的涵義是不同的。也就是說，當我們談論思想時，常常是有歧義的。弗雷格所說的「思想」與我們通常所說的「思想」是不同的。他所說的思想是句子的意義。弗雷格在〈論意義和意謂〉、〈思想〉、〈否定〉、〈思想結構〉、〈論邏輯的普遍性〉、〈邏輯〉、《邏輯導論》、〈數學中的邏輯〉等論著中，也有大量關於思想的討論。特別值得注意的是，弗雷格在《算術的基本規律》中說，他從概念文字中所說的「內容」區分出思想和眞值所表達的東西。因此弗雷格關於思想的學說，有一個系統的整體。

一、思想和句子

在前面我們已經談到，弗雷格從內容區分出思想和眞值，即區別出句子的意義和意謂，句子的意義是思想，句子的意謂是眞值。他還指出思想和眞值屬於不同的層次。我們可以理解一個句子的思想而不考慮眞值，我們也可以從思想到眞值。但是，究竟什麼是意義，或者說什麼是思想，它有什麼性質，有哪些特徵，弗雷格都沒有做出清楚詳細的說明，不過我們可以看出，弗雷格關於意義和意謂、關於思想和眞值的論述是與句子緊密地結合在一起的。實際上，弗雷格後來在展開關於思想的論述時，也是與句子緊密結合在一起的。

弗雷格在〈思想〉這篇論文中，首先探討眞。他從對「眞」這個詞的探討出發，把眞化歸爲句子的眞（關於「眞」這一問題，我們將在第七章中討論)。然後他說，「當我們稱一個句子是眞的時候，我們實際上是指它的意義。因此一個句子的意義是作爲這樣一種東西而出現的，借助於它能夠考慮實眞」❶。這裡清楚地說明意義與句子相關，與眞相關。由於句子的意義是思想，因此可以說，思想與眞相關。

由於我們根據句子的意義來考慮眞，因此我們是根據思想來考慮眞。在這裡我們看到，弗雷格實際上是借助句子和眞來說明什麼是思想的。他明確地說，「我稱思想爲某種能借以考慮眞的東西」❷。

如果說思想是句子的意義，句子表達思想，那麼馬上就產生一個問題，是不是每個句子的意義都是一個思想。或者說，是不是每個句子都表達一個思想。弗雷格的回答是否定的。他認爲，並非每個句子的意義都是一個思想。爲了更清楚地說明這個問題，弗雷格區別了句子的種類。他認爲，命令句的意義不是思想，表示願望和請求的句子的意義也不是思想，疑問句的意義同樣不能考慮。因爲這些句子的意義都不能使我們考慮眞。通過對句子種

❶ 弗雷格，頁116。
❷ 同❶。

類的分析，最後可以考慮的就是斷定句。

弗雷格認爲，在斷定句中可以區別出兩種因素，一種是內容，一種是斷定，二者緊密結合，但又是可分的。「這種內容就是思想或至少含有思想，因此可以表達一個思想，而不用把它說成是眞的」❸。前面我們已經說過，弗雷格在論述意義和意謂時，在內容方面區別出兩個層次，第一個層次是意義，第二層次是意謂。在這裡，我們又看到他的這種思想，思想是第一層次的，人們可以表達思想，而不用說它是眞的，我們可以把握一個思想，而不考慮它是不是眞的。但是重要的是，一旦我們考慮眞，我們就要通過思想來考慮。由此說明，思想與眞有關。

那麼一個斷定句是不是只含有思想與斷定？也就是說，一個斷定句除了思想與斷定兩種因素外，是不是再沒有其它因素？弗雷格承認，斷定句常常含有一些與斷定無關的語詞，它們能夠影響聽者的感情、情感或激發聽者的想像力。比如像「可惜」、「謝天謝地」。尤其是在詩歌散文中，這些與斷定無關的成分很多。語言中還有一些成分是爲了幫助人們進行理解。例如通過強調語詞或句子的重音，或使用不同的詞序或句式來突出某個句子部分。但是這些東西都不涉及思想，不涉及眞假。弗雷格認爲，這些因素，都不屬於思想。而且，雖然在文學創作中也採用斷定句的形式，也表達一些思想，卻與眞假無關。由此說明，弗雷格所考慮的斷定句是用於科學論述的句子。當他談論斷定句，談論思想時，他總考慮與眞假有關的東西。對此，他有一個劃分。

---

❸　弗雷格，頁118。

(1) 對思想的把握 —— 思維

(2) 對一個思想的眞的肯定 —— 判斷

(3) 對判斷的表達 —— 斷定

從這三個層次，我們可以看出，思想是某種東西，或者說是某種對象，否則它是無法把握的。把握思想是思維活動或過程。當我們肯定一個思想是眞的，我們是做出判斷。而當我們用斷定句表達我們的判斷時，斷定句本身就包含了眞。

二、思想和表象

按照傳統的哲學認識，我們一方面可以區別出客觀世界，或者說外在的世界，在這個世界中有我們用感官可以感覺的東西，比如像房屋、土地、桌椅、牲畜等等。另一方面可以區別出一個主觀世界，或者說內心世界，這個世界與外在的世界不同。它沒有外界的那些具體的東西，而有人頭腦中的感覺印象、想像、感情、願望等等這樣的東西。直觀上說，思想顯然不是感官可以感覺的。因此思想不屬於外在世界，它與房屋、土地、桌椅、牲畜等等不是同一類東西。那麼思想屬於內心世界嗎？弗雷格對這一點進行了仔細的探討。

在弗雷格看來，屬於內心世界的東西（除決斷以外）都可以概括爲「表象」。因此他要回答這樣一個問題：「思想是表象嗎？」弗雷格從四個方面對表象與外界事物進行了區別。

1. 表象是看不見，摸不到，聞不著，不能品嘗，也無法聽到的東西。而外界事物卻可以被看見，被摸到，被聞著，或可以被品嘗，或被聽到

2.表象可以被擁有而外界事物不被擁有

也就是說，表象屬於人的意識內容，通過人才能存在。比如，感覺、印象、願望都是人們意識中的東西，而外界事物不屬於人們的意識的內容。無論人存在不存在，無論人們有沒有感覺、印象、願望，外界事物，比如像太陽、草地都仍然存在。

3.表象需要承載者，而外界事物不需要承載者

也就是說，表象不是獨立的，而外界事物是獨立的。沒有感覺者就不可能有感覺，內心世界是以擁有世界的人爲前提的。

4.每個表象只有一個承載者，兩個人沒有同一個表象

在做出這些區別以後，弗雷格以畢達哥拉斯定理爲例，對思想進行了說明。他認爲，如果A和B兩個人都能夠承認畢達哥拉斯定理表達的思想是眞的，那麼這條定理既不屬於A的意識內容，也不屬於B的意識內容，因而A和B都不是它的承載者。因此可以說思想不需要承載者。而如果被A和B看作是畢達哥拉斯定理的內容的不是同一個思想，那麼就不能說「畢達哥拉斯定理」，而只能說「A的畢達哥拉斯定理」，「B的畢達哥拉斯定理」，也就是說，A看作是畢達哥拉斯定理的內容的與B看作是畢達哥拉斯定理的內容的是不同的。這樣一來，A的思想可能是A的意識的內容，B的思想可能是B的意識的內容。因而可以說思想需要承載者。但是在這種情況下，就會產生兩個問題。首先，可能會有這樣的情況：A的畢達哥拉斯定理的意義是眞的，而B的畢達哥拉斯定理的意義是假的。於是，「眞」和「假」也成爲表示意識內容的東西，也能用於人的意識領域。而這與弗雷格關於眞的論述恰恰是相悖的。其次，如果每個思想都需要有一個人作承載者，它屬於這個人的意識的內容，那麼它就僅僅是這個人的思想。這樣就會是A有A的意識內容，B有B的意識內容，C有C的意識內容，每個人都有自己的意識內容，而且各自研究自己的意識內容。這樣，人們各自研究的東西，各自認爲是眞的東西，就會沒有任何關係。而多數人共有的、能夠由多數人共同進行研究的科學就不會存在，這顯然是不可能的。因此弗雷格提出：

> 必須承認第三種範圍。屬於這種範圍的東西在它們不能被感官感覺這一點上是與表象一致的，而在它們不需要它們屬於其意識內容的承載者這一點上是與事物一致的。譬如，我們以畢達哥拉斯定理表達的思想就永遠是真的，無論是否有某人認為它是真的，它都是真的。它不需要承載者，它絕非自它被發現以來才是真的，而是像一顆行星一樣，在人們發現它以前，就已經處於其他行星的相互作用中❹。

這一段話有幾層很重要的意思：(1) 除了傳統上認爲的外在世界和內心世界以外，還存在第三種範圍。這一範圍的東西是抽象的對象，它們與外在世界的東西和內心世界的東西是不同的；(2)屬於第三種範圍的東西是思想，思想與眞相聯繫；(3)思想的眞是永恒的，不依賴於人的認識，不取決於人的發現。

關於第二和第三層意思，我們以後還要談到。這裡我們重點談談第一層意思。一方面，弗雷格對於思想的論述是對人們一般的哲學觀念的挑戰。在哲學領域，人們一般認爲存在著一個客觀

---

❹ 弗雷格，頁127。

世界，還存在一個內心世界。客觀世界是物質的，客觀世界的事物是可感知的。內心世界是我們對客觀世界的認識，包括我們的感覺、記憶、概念、判斷、情感等等。內心世界是對客觀世界的反映，客觀世界決定了我們的內心世界。而弗雷格實際上告訴我們，以往的關於客觀世界和內心世界的區分是不完全的。除了這兩個世界以外，可以說還有第三個世界（他說的是範圍）。在這個世界裡，存在著像思想這樣的東西。弗雷格的這一思想無疑是極其重要的。思想與眞有關，特別是當他把眞作爲邏輯研究的對象提出來以後，這一論證就具有重要意義。另一方面，弗雷格的論述也是對經驗主義的挑戰。從十七世紀起，經驗論者認爲感知是通往客觀世界的唯一橋樑，他們極大地誇大感知的作用，從而走上唯心主義的道路，只承認有內心世界，或者認爲客觀世界是由人們內心世界決定的。而弗雷格則在思想屬於第三種範圍這一論點的基礎上，對經驗主義提出了批評。他說:「在有些人看來，除了通過知覺，獲知不屬於他們內心世界的東西是不可能的。事實上,知覺常常被看作是認識不屬於內心世界的東西的最可靠的、甚至唯一的源泉。但是有什麼理由呢？……人們除了自己的內心世界以外，還必須區別可由感官感覺的事物構成的眞正的外在世界和那些不可由感官感覺的東西的範圍」❺。這就是說，必須區別像思想和眞這樣的東西所在的那個世界。由此可見，弗雷格關於思想的論述，極大地開拓了我們的認識眼界，使我們跳出客觀世界和內心世界（主觀世界）的傳統區分，清晰地看到還有第三個世界，這個世界裡的對象與客觀世界的對象不同，不是我們憑

❺　弗雷格，頁134—135。

感官知覺可以感覺的。它們與我們的內心世界的東西也不同，不是屬於個體的。它們不是現實的，卻是有客觀性的，可由許多人共同理解和把握的，這就是句子表達的思想。現在我們可以概述一下，思想有哪些性質：

（1）思想是用語句表達的。前面已經說過，句子是弗雷格探討的思想的出發點。句子使思想具有一種獨立性，人們可以通過句子對思想進行思考。

（2）思想不是思維行爲。這一點從弗雷格前面區分的三個層次的第一個層次：思維——對思想的把握，可以看出來。把握一個思想，是一個思維行爲或思維活動，而被把握的思想本身不是思維行爲或思維活動。弗雷格認爲，被把握的、被抓住的東西已經在那裡，它們不是由於我們的觀看或思考的活動才形成的。

（3）由上一點可以看出，思想是一種對象。但是必須注意，它不同於客觀外界的東西，它不能被觸摸、被聞出、被品嘗，也就是說，思想是對象，但不是物體，思想屬於第三領域。弗雷格認爲，不依賴我們心理活動的東西，即客觀的東西完全不必是空間的、物質的、現實的。

（4）思想不用人們承認就是眞的。弗雷格認爲，思想表達自然規律。自然規律不是由人們創造的，而是由人們發現的。比如畢達哥拉斯定律是眞的，它不會由於我們發現它而成爲眞的。自然規律和數學定律都是這樣，它們的有效性不是在於我們發現它們之後。因此我們不是創造一個眞的思想，而是發現一個眞的思想。

（5）思想保持不變。思想就其本質而言是非時間性和非空間性的，思想是不變的。如果一個思想是眞的，那麼它就永遠是眞的。思想不會有時眞，有時假，而只會有時被看作眞，有時被看作假。

三、思想結構

在對思想結構的看法中，弗雷格關於否定進行了專門的論述。他說:「每個思想都有一個與自己相矛盾的思想。如果承認與一個思想相矛盾的思想是眞的，這個思想就被說成是假的。從最初思想的表達式出發，通過一個否定詞就建立起表達這個矛盾的思想的句子」❻。

這一段話實際上表達了兩方面的涵義，從句法方面說，一個句子，比如說A，它表達一個思想，加上一個否定詞，比如說～A，它表示與原來的思想相矛盾的思想。而且對任何A，都可以有～A。從語義方面說，如果說A是眞的，那麼～A就是假的。因此可以說，一個思想的否定就是與這個思想相矛盾的思想，也可以說，與一個思想相矛盾的思想是由這個思想和否定複合構成的。

我們看到，從語形結構上說，A和～A是不同的。對此，弗雷格又做了進一步的說明:「思想對其形式不需要補充，它本身就是完整的。相反，否定需要一個思想作補充，這兩個組成部分（如果人們願意使用這一表達式）屬於完全不同的種類並且對整體的建立起完全不同的作用。思想進行補充；否定被補充。通過這種補充結成整體。爲了在語言上也顯示出這種補充的需要，可

❻ 弗雷格，頁152—153。

以寫爲『……的否定』❼。

這一段話清楚地表示否定和思想的區別:(1)它們屬於完全不同的種類;(2)它們對於建立整體起完全不同的作用。那麼它們究竟是什麼並且起著什麼作用呢?在這裡,我們又看到弗雷格關於函數和自變元的思想。前面說過,函數是不滿足的,需要補充的,自變元是滿足的,用自變元補充函數,函數就成爲滿足的。弗雷格在此雖然沒有提到函數和自變元,但是從他的論述來看,「需要補充」,「不要補充」,這與關於函數的論述是一致的。因此可以看出,弗雷格把否定實際上處理爲一個命題函數:「～(　)」。它是不滿足的,需要補充的。這裡重要的是必須用命題,或者說句子作自變元來補充它,比如說「～(A)」,使它成爲完整的。在《算術的基本規律》中,弗雷格把句子處理爲一類專名,按照他的思想,專名是滿足的。因此,這裡他說思想是滿足的,並用思想去補充否定,使之成爲完整的,也是毫不奇怪的。

弗雷格還認爲,「一個思想的否定本身是一個思想」❽。簡單地說,假定A是一個思想,那麼～A就是A的否定,而～A本身也是一個思想。十分有趣的是,對於這一點,弗雷格是從語言形式上論證的。他認爲,我們在使用「否定」一詞時,帶著定冠詞,比如說

「對3大於5這個思想的那個否定(die Verneinung)」。

在這個表達式中,定冠詞「那個」(die)表明這個表達式表達「一個確切單一的東西。這裡,這個單一的東西是一個思想。定冠詞使這整個表達式成爲一個單獨事物的名字,一個專名的代表

❼ 弗雷格,頁153。
❽ 弗雷格,頁154。

者」❾。不管這種論證是否十分有道理，在弗雷格的理論系統中，卻是可以自圓其說的。

從句法方面說，由於一個思想的否定本身是一個思想，而思想是滿足的，因此，一個思想的否定本身也可以補充「對……的那個否定」這個函數。於是我們得到

「對A的那個否定」。

由於這也是一個思想，因此它也可以補充

「對……的那個否定」

這個函數。於是我們又得到

「對A的否定的那個否定」。

從語義方面說，在A和A的否定這兩個思想中，只能有並且總是有一個是眞的。因此在「A的否定」和「A的否定的否定」這兩個思想中，同樣只能有並且總是有一個是眞的。假定A的否定不是眞的，那麼A是眞的，A的否定的否定也是眞的。由此可見，A和A的否定的否定要麼都是眞的，要麼都不是眞的。由此也說明雙重否定的性質。

在弗雷格關於思想的否定的論述中，我們可以看到一種最重要的性質，這就是把否定看作一個句子函數，因而否定是不滿足的，它要用一個句子作自變元來補充，才能是滿足的。這一點是對傳統認識的一個重要突破。在弗雷格以前，人們對於否定是沒有這種認識的。亞里士多德認為：「一個肯定命題是某物對某物的肯定的斷定；一個否定命題是某物對某物的否定的斷定」❿。他僅僅從語法形式出發，根據肯定句和否定句的形式，對命題做出

❾　同❽。
❿　王路，頁67—68。

這種區分。後來在傳統邏輯中，人們根據亞里士多德的思想，一般按照「質」區分出肯定和否定判斷。肯定判斷一般指「斷定某事物是有某性質的判斷」。而否定判斷一般指「斷定某事物不是有某性質的判斷」。這樣的論述是把否定僅僅看作謂詞的一部分，因而僅僅是局限在句子的語法形式之內，對否定進行說明，而沒有對否定的邏輯性質做出深刻的說明。弗雷格雖然也是對句子的語法形式進行了分析，但是他沒有僅僅局限在句子的語法形式之內。他認爲從語言得不到區別否定的思想和肯定的思想的標準，「因爲在邏輯問題中，語言是不可靠的」⓫。他以句子的意義和意謂這一區別爲背景，指出句子表達的思想與句子的眞是不同的。判斷涉及眞，而否定不涉及眞，它不被看作判斷，而看作從一個思想到其對立面的過渡。因此否定表達與一個思想相矛盾的思想。在區別了思想的否定之後，他說明了它們不同的特點。思想是完整的，不需要補充的，而否定是不完整的，需要補充，特別是需要思想作補充。這樣就揭示了否定是一個句子函數或命題函數的重要性質。也就是說，否定句是複合句，是由簡單句加上否定詞構成的。

從對否定的探討，我們可以看出思想有一種結構：由思想補充否定，就形成一個整體，它本身也是一個思想。正像弗雷格所說的那樣，「在邏輯中，一個整體的構造總是通過滿足一個不滿足的部分完成的」⓬。因此，簡單地直觀地說，一個思想和一個否定可以構成一個思想，一個否定和一個思想的否定的否定可以構成一個思想，兩個思想也可以構成一個思想，三個思想也可以構成一個思想。那麼究竟這些構造裡面有些什麼特徵和規律呢？

⓫ 弗雷格，頁148。
⓬ 弗雷格，頁158—159。

弗雷格對此進行了深入的探討，共刻劃了六種思想結構:

1.結構Ⅰ　通過「並且」將一個主句與一個主句聯結起來

即「A並且B」

這裡，A是一個句子，表達一個思想，B也是一個句子，也表達一個思想。「並且」是個聯結詞，使A和B複合構成一個句子。在結構Ⅰ中有兩點值得注意：第一、這種結構不帶有斷定力。其中A不帶斷定力，B不帶斷定力，A並且B也不帶斷定力。A和B分別只表示原初的句子。「A並且B」只表示A和B這兩個句子聯結而成的句子。如果對它們下判斷，則應該針對「A並且B」這整個句子。第二、「並且」表示一種結構，即

「…並且…」

它有兩點不滿足。我們要用兩個思想去補充它，才能使它成爲完整的，使它滿足。而當它得到滿足時，它使兩個思想聯結起來。

從語義方面說，只有A和B都是眞的，A並且B才是眞的。A和B中只要有一個是假的，A並且B就是假的。

結構Ⅰ可以有以下幾種性質:

(1)　A並且B↔B並且A

(2)　A並且A↔A

(3)　A，B，├──A並且B

(1) 表明「並且」這個聯結詞的交換律，(2) 表明它的重合律，(3) 表明「並且」的引入。

2.結構Ⅱ　結構Ⅰ加上否定

即「並非（A並且B）」

或者:

「並非（…並且…）」

結構Ⅱ顯然也有兩點不滿足，需要兩個句子去補充。

從語義方面說，當結構Ⅰ是眞的，結構Ⅱ就是假的；當結構Ⅰ是假的，結構Ⅱ就是眞的。如果A和B中有一個是假的，結構Ⅱ就是眞的。

結構Ⅱ可以有以下推理：

「並非（A並且B），A，|——並非B」

3.結構Ⅲ　通過「並且」將一個思想的否定與另一個思想的否定聯結起來

即「(並非A）並且（並非B)」

或

「(並非…）並且（並非…)」

結構Ⅲ顯然也有兩點不滿足，需要兩個句子去補充。

從語義方面說，僅當A和B這兩個構成思想是假的，結構Ⅲ才是眞的，因爲A是假的，則並非A是眞的，B是假的，則並非B是眞的。根據結構Ⅰ，只有並非A和並非B都是眞的，「(並非A）並且（並非B）」才是眞的。因此，如果A和B中有一個是眞的，結構Ⅲ就是假的。

結構Ⅲ可以有以下推理：

「並非A，並非B，|——（並非A）並且（並非B)」

4.結構Ⅳ　結構Ⅲ加上否定

即「並非（(並非A）並且（並非B))」

或

「並非((並非…）並且（並非…))」

這也可以簡寫爲

「(……或者……)」

結構Ⅳ顯然也有兩點不滿足，需要兩個句子去補充。這裡還可以看出語言中「並且」和「或者」之間的關係特徵。即:

「A或B↔並非((並非A)並且(並非B))」

從語義方面說，A和B只要有一個是眞的，結構Ⅳ就是眞的。

結構Ⅳ可以有以下推理:

「A或B，並非A，├──B」

5.結構Ⅴ　通過「並且」把一個思想的否定與另一個思想聯結起來

即「(並非A)並且B」

或

「(並非……)並且……」

結構Ⅴ顯然有兩點不滿足，需要兩個句子去補充。

在結構Ⅴ應該注意一點，雖然根據結構Ⅰ，(並非A)並且B↔B並且(並非A)，即「並非A」和「B」是可以交換的，但是A和B是不能交換的，因爲

「(並非A)並且B」

與

「(並非B)並且A」

表達不同的東西。

從語義方面說，當且僅當A是假的並且B是眞的，結構Ⅴ才是眞的。

6.結構Ⅵ　結構Ⅴ加上否定

即「並非((並非A)並且B)」

或

「並非((並非……)並且……)」

結構Ⅵ顯然也有兩點不滿足，需要兩個思想去補充。

從語義方面說，由於結構Ⅵ是結構Ⅴ的否定，因此結構Ⅴ是眞的，結構Ⅵ就是假的。所以結構Ⅵ是假的，當且僅當A是假的並且B是眞的。由此也可以得出，如果A是眞的，則無論B是眞的還是假的，結構Ⅵ就是眞的；而如果B是假的，則無論A是眞的還是假的，結構Ⅵ也是眞的。

弗雷格認爲結構Ⅵ可以表達爲

「如果B，那麼A」

這樣，也可以不說結構Ⅵ，而說「假言思想結構」。於是按照上面的理解，「如果B，那麼A」是眞的，當且僅當A是眞的，或者B是假的。這顯然是對假言結構的眞值條件的說明。

假言思想結構可以有以下推理：

(1) 如果B，那麼A，B，├──A。

(2) 如果C，那麼B，如果B，那麼A，├──如果C，那麼A。

(3) 如果B，那麼A，├──如果並非A，那麼並非B。

思想結構的系統

弗雷格論述了六種思想結構，即：

(1) 結構Ⅰ：A並且B。

(2) 結構Ⅱ：並非（A並且B）。

(3) 結構Ⅲ：（並非A）並且（並非B）。

(4) 結構Ⅳ：並非（(並非A）並且（並非B））。

(5) 結構Ⅴ：並非A並且B。

(6) 結構Ⅵ：並非（（並非A）並且B）。

表面上看，這些思想結構不是完全的。比如，我們可以有

「A並且（並非B)」

但是根據「並且」的交換律，我們可以得到

「(並非B) 並且A」

而這與結構V的形式是一樣的。因此弗雷格認爲，這「六種思想結構形成一個封閉的整體」⓭。

由此我們可以看出，弗雷格實際上是用自然語言刻畫了句子邏輯或者說命題邏輯的系統。他雖然沒有像在概念文字中那樣給出形式系統的證明，但是卻說明了這個系統的一些性質。

首先，以結構I和否定爲基礎，可以推導其他思想結構。這就是說，可以用「～」和「∧」這兩個命題聯結詞作初始符號，構造一個命題系統，在這個系統中可以推導出關於「∨」、「→」這幾個命題聯結詞的定理來。

其次，「這六種思想的任意一種都可以作基礎，由此借助否定就可以推導其他思想結構」⓮。前面說過，結構Ⅲ可以表達「A或者B」，結構Ⅵ可以表達「如果B，那麼A」。因此，根據弗雷格的思想，除了可以以「～」和「∧」爲基礎構造系統以外，也可以以「～」和「∨」爲基礎構造一個句子或命題系統，推出關於「∧」、「→」的定理來。還可以以「～」和「→」爲基礎構造一個句子或命題系統，推出關於「∧」、「∨」的定理來。

第三，以上兩點說明，從邏輯的角度看，這六種思想結構是同等有效的。

第四，一個思想結構也可以由三個或四個以至更多的思想構成。比如，

「(A並且B) 並且C」

⓭ 弗雷格，頁174。

⓮ 同⓭。

是一個含有A，B，C三個思想構成的思想結構，它表達了通過聯結詞「並且」結合「A並且B」和C形成的思想結構。又比如，

「並非(（並非A）並且（並非B）並且（並非C))」

是另一個含有A，B，C三個思想構成的思想結構。但是不論是以兩個，或以三個，還是以更多個思想組成的思想結構，我們都可以以「～」和「∧」爲基礎，或者以「～」和「∨」爲基礎，或者以「～」和「→」爲基礎，構造起關於它們的句子系統或命題系統。

在弗雷格關於思想結構的論述中，最重要的是他對結構Ⅵ的論述。如上所述，弗雷格認爲結構 Ⅵ 可以表達爲「假言思想結構」，即

「如果B，那麼A」

也就是說，結構Ⅵ刻畫的是蘊涵式。

這裡應該指出，弗雷格在《概念文字》這裡應該指出中引入條件式，刻畫了蘊涵式。在那裡他認爲A和B可以有四種情況:

(1) 肯定A並且肯定B。

(2) 肯定A並且否定B。

(3) 否定A並且肯定B。

(4) 否定A並且否定B。

而條件式「如果B，那麼A」表示不出現(3)，而出現(1)、(2)或(4)這幾種情況。在〈思想結構〉中，表面上弗雷格論述了六種結構，但是我們看到結構Ⅱ是結構Ⅰ的否定，結構Ⅳ是結構Ⅲ的否定，結構Ⅵ是結構Ⅴ的否定。也就是說，在六種結構中，基本的是結構Ⅰ、結構Ⅲ和結構Ⅴ。再分析一下我們就會發現，結構Ⅰ是

「A並且B」

它實際上相應於概念文字中說的（1)。結構Ⅲ是

「(並非A）並且（並非B)」

它實際上相應於概念文字中說的（4)。結構Ⅴ是

「(並非A）並且B」

它實際上相應於概念文字中說的（3)。也就是說，在思想結構方面實際上討論的是(1)、(3)和（4）這三種情況，沒有討論的只是情況（2)，即

「肯定A並且否定B」

它的相應表述應該是

「A並且（並非B）」

但是如上所述，弗雷格認爲這與結構Ⅴ的形式是一樣的。因此不必討論它。由此我們可以看出，弗雷格討論思想結構的出發點仍然是條件式，或者換句話說，從對條件式的分析反映出對於最基本的思想結構的刻畫。

這裡應該指出，弗雷格對條件式的說明實際上刻畫了蘊涵的眞值表，而在關於結構Ⅵ的論述中，他也對此做出說明。在這裡，我們還應該補充說，在概念文字中，弗雷格僅指出條件式刻畫的是「如果B，那麼A」的眞值條件，並「不表達『如果……那麼』這個詞內含的因果聯繫」⓯，而對其原因並未展開論述。但是在關於結構Ⅵ的論述中，他詳細論述這裡面的原因。

他認爲，在自然語言中，語言常常是模糊不定的。說出具有「如果，那麼」這樣形式的句子，常常出現各種各樣的東西，比

⓯ 弗雷格，頁10—11。

如說，前件是後件的原因，因而二者有因果聯繫，而弗雷格要求他解釋的思想結構沒有這種因果聯繫。爲什麼說「如果B，那麼A」中的B與A沒有因果聯繫呢？因爲不把B看作A的原因，也不把A看作B的結果，而是把

「如果B，那麼A」

理解爲是

「並非（(並非A並且B)」

所表達的東西。在這裡，我們看不出B是A的原因，也看不出A是B的結果。B和A顯然沒有因果聯繫。弗雷格用結構Ⅵ刻畫了蘊涵式的純粹的邏輯性質。這種描述去掉了自然語言中「如果……那麼」所包含的不屬於邏輯的因素，而揭示出屬於邏輯的因素。正像弗雷格所說:「我這裡的任務是通過將這種附屬物分離出去，剖析出一種作爲邏輯核心的兩個思想的結構」⑯。

這裡特別應該指出一點，在1906年，即在《概念文字》發表27年之後，在寫下〈思想結構〉17 年以前，弗雷格在〈邏輯導論〉中也談到這個問題。他是這樣說的:

> 如果有兩個思想，那麼只有四種可能的情況:
>
> (1) 第一思想是真，第二個也是真的;
>
> (2) 第一個思想是真的，第二個是假;
>
> (3) 第一個思想是假的，第二個是真的;
>
> (4) 兩個思想都是假的。
>
> 現在如果不出現上述第 (3) 種情況，就有我以條件槓所表

⑯ 弗雷格，頁171。

示的關係。……我提出這種解釋至今幾乎28年了。那時我相信，我只需點到為止，而別人一定立即會比我了解得更多。而現在，經過長達四分之一世紀之多的時間，大多數數學家對這個問題毫無所知，甚至邏輯學家也是這樣，多麼遲鈍啊⑰！

人們不太明白，對於思想只應該考慮它是真的，還是假的，而實際上根本不應該考慮思想內容本身⑱。

這裡表述的四種情況與概念文字中表述的差不多，只是用眞和假替換了肯定和否定。從這段話我們也可以看出蘊涵式的眞值條件在弗雷格看來是自明的，顯而易見的，因此才會「點到爲止」。而人們對這個問題的認識說明蘊涵式的眞值條件並不是自明的，顯而易見的。弗雷格對此深感失望，弗雷格在這裡從眞假的角度進行了說明，這種說明比概念文字中的說明進了一步，但是比起〈思想結構〉中的說明，仍嫌不夠。

從《概念文字》開始，經過《邏輯導論》，最後到〈思想結構〉，弗雷格終於對自己認爲是一個顯然的問題提出圓滿的深刻的說明。自古以來，甚至早在古希臘，人們就討論蘊涵問題。比如古希臘麥加拉學派的狄奧多魯在研究「必然」和「可能」這樣的模態概念的基礎上探討了「如果，那麼」這種形式命題，並且得出了關於這樣形式的命題的眞假：一個條件命題是眞的，當且僅當它過去不可能並且現在也不可能並且將來也不可能是前件眞而後件假。狄奧多魯的學生菲洛則探討假言命題的眞值定義，他

⑰ 弗雷格，頁211－212。
⑱ 同⑰。

認爲一個條件命題在三種情況下是眞的:(1)它的前件和後件都是眞的;(2)它的前件和後件都是假的;(3)它的前件是假的,而後件是眞的。一個條件命題只有在一種情況下是假的,卽(4)它的前件是眞的,而後件是假的。這是邏輯史上第一次提出的關於條件命題眞値的定義,它相應於現代邏輯的實質蘊涵的眞値表。弗雷格雖然不是歷史上第一個探討實質蘊涵的邏輯學家。但是他第一次十分深刻地用邏輯語言刻畫出蘊涵式的邏輯性質。

四、思想的普遍性

弗雷格說:「普遍性的本質是什麼呢?由於我們這裡涉及規律,而規律是思想,因此這裡只涉及思想的普遍性」⑲。由此可見,他要談的邏輯的普遍性僅是思想的普遍性。前面我們已經說過,根據弗雷格的論述,思想是句子的意義,因此,他說的普遍性乃是句子的意義的普遍性。

對於普遍性,弗雷格也是從語言出發來分析的。他認爲,在語言中,對於同一個普遍的思想,表達的方式是不同的,比如下面幾個句子:

句子(1)「所有人都是要死的」

句子(2)「每個人都是要死的」

句子(3)「如果某物是一個人,那麼它是要死的」

雖然這三個句子表達的思想是相同的,但是它們表達的方式卻不同。句子(1)是以其中的「所有」表達普遍性的,句子(2)是

---

⑲ 弗雷格,頁289。

以「每個」表達普遍性的，句子 (3) 是以假言句子形式「如果……那麼」，加上其中的不定指部分「某物」和「它」來表達普遍性的。弗雷格認爲，句子 (1) 的「所有」和句子 (2) 的「每個」「這樣的表達式不適合在所有出現普遍性的地方都使用，因爲並非每條規律都能以這種形式表示」⑳。在《論邏輯的普遍性》中，弗雷格對這句話沒有任何解釋。在《邏輯導論》中他談到「普遍性」時認爲，在

句子(4)「月亮與自身相等」

句子(5)「2與自身相等」

句子(6)「所有事物與自身相等」

這幾個句子中，句子 (4) 和 (5) 是單稱句子，句子 (6) 是全稱句子，因此與句子(4)和 (5) 相比是普遍的。「『所有事物』一詞在這裡處於專名 (月亮) 位置，但它本身確實不是專名，不表示對象，而只用來賦予這個句子內容的普遍性」㉑。

我們還可以說出下面三個句子:

句子(4′)「月亮與月亮相等」

句子(5′)「2與2相等」

句子(6′)「所有事物與所有事物相等」

句子 (4) 和(4′) 的思想是一樣的。句子 (5) 和 (5′) 的思想也是一樣的。但是句子(6)和 (6′) 的思想卻不相同，也就是說，專名在一個位置上還在是多個位置上出現不會改變意義。而語言中表示量詞的符號在一個位置上還是在多個位置上出現卻會使意義發生變化。因此弗雷格說，「在向普遍過渡時語言中卻不允許『所

⑳ 弗雷格，頁291。

㉑ 弗雷格，頁213。

有事物』一詞在兩個位置上出現。『所有事物與所有事物相等』這個句子就不會產生預想的意義」㉒。但是弗雷格的解釋到此爲止，這裡只說明「所有事物」這個表示普遍的表達式與專名的區別，仍然沒有說明爲什麼這樣的普遍性的表達式不能用於其他場合。實際上，這一原因在弗雷格看來是顯然的，是無需說明的。句子(1)和(2)表達的是一般的性質命題。而句子(4)、(5)和(6)以及(4′)、(5′)和(6′)表達的是關係命題。這是兩類不同的命題。「所有事物」在表示關係命題的句子(6)到(6′)中出現意義方面的問題，說明了這一表達式的歧義性，因此說明，它不適合在表達關係命題的場合表示普遍性。

句子(3)有一個假言句子結構「如果，那麼」，這個句子中含有兩個不定指部分，一個是前件中的「某物」，另一個是後件中的「它」。弗雷格認爲，「正是在這種結構和部分隱藏著普遍性的表達」㉓。爲什麼說在這種結構和部分中隱藏著普遍性的表達呢？在前面關於思想結構的論述中我們已經說過，以「如果，那麼」表達的假言思想結構表達式不能有前件眞而後件假的情況。就是說，從邏輯的角度考慮，一個以「如果B，那麼A」形式出現的假言句子，表達的並不是B和A有因果聯繫，而是「並非（並非A並且B）」。由此也可以說對於「如果，那麼」這種結構，弗雷格已經做出了說明，現在需要的是對於「某物」和「它的」這兩部分的說明。在〈論意義和意謂〉中，他給了下面一個例子：

句子(7)「如果一個數小於1而大於0，那麼它的平方小於1而大於0」

㉒ 弗雷格，頁214。
㉓ 弗雷格，頁291。

他認爲，在這個假言句子中，前件中有「一個數」這樣一個不確定的帶提示性的成分，後件中的「它的」是與它相應的相同的成分。這兩個成分相互指示，因此「使兩個句子構成一個整體，而這個整體一般只表達一個思想」㉔。「正是通過這種不確定性，意義獲得了可望由一條規律得到的普遍性」㉕。我們看到，這裡表達了差不多相同的思想。根據這裡的解釋，句子(3)中的「某物」和「它」可以說是不確定的帶提示性的成分。雖然它們是不確定的，但是它們的結合使前件和後件構成一個整體，而這個整體表達一個確定的思想。這就說明了這兩個不確定的部分在整個句子中的作用。

弗雷格進一步指出，使用「某物」和「它」是有局限性的，以此只能處理非常簡單的情況。我們可以用字母 a 來替代這兩個不定指部分，也就是說，我們可以用一種輔助語言來表達，這樣，前面的句子(3)可以寫爲

句子(8)「如果 a 是一個人，那麼 a 是要死的」

弗雷格指出，不用字母 a，而用 b，c 也是可以的。「然而至關重要的是它們形狀相同」㉖。因爲這兩個成分是互相指示的。這裡，直觀的問題是，從「某物」和「它」過渡到字母 a 的根據何在？在《邏輯導論》中，弗雷格解釋了這一點，他說：「在自然語言中，像『etwas』(某物)和『es』(這——無人稱代詞)這些詞常常起字母的作用；有時甚至似乎沒有詞起這種字母的作用，在這一點上，正像在其他方面一樣，語言是不完善的，對於識別

㉔ 弗雷格，頁106。
㉕ 同㉔。
㉖ 弗雷格，頁291。

邏輯的東西來說，使用字母比使用語言更有優點」㉗。

這說明，從「某物」和「它的」向「a」的過渡是建立在自然語言的分析的基礎之上。弗雷格實際上是告訴我們，在自然語言中，有時我們可以發現有些詞起字母的作用，有時我們卻看不到起字母作用的詞。對於後一種情況，他沒有展開論述，但是這裡似乎含有這樣的意思，雖然看不到起字母作用的詞，但是不能否認語言中含有起字母所表達的意思的因素。不過從前一種情況可以看出用 a 來表示是可以的，因爲語言本身就有起這樣作用的詞。

既然字母比如 a 可以替代「某物」和「它」，那麼問題就成爲：字母 a 爲什麼表達一般性？弗雷格在《邏輯導論》中指出，a 是一個「用來賦予一個句子內容普遍性的字母，與專名具有本質不同」㉘。專名表示對象，而「a」不表示對象，它「暗示一個對象，沒有意謂，不表示或意謂任何東西」㉙。這裡弗雷格通過對比字母 a 與專名在句子中的作用，說明字母 a 不同於專名。專名表示對象，而字母「a」暗示對象，所謂暗示，就是說在有 a 出現的地方首先表示對象，其次表示任意一個對象，而不是表示一個確定的對象。由於字母 a 表示普遍性，表示任意的對象，因此句子 (8) 表達了一個普遍的思想，因爲其中有字母 a，它表示任一對象。我們以一個表示確定對象的專名代入 a，就得到一個表示特殊情況的句子：比如

句子(9)「如果拿破崙是一個人，那麼拿破崙是要死的」

㉗ 弗雷格，頁217。
㉘ 同㉗。
㉙ 同㉗。

這樣，通過代入有確定意謂的專名，就從句子 (8) 這種表示普遍性的句子過渡到句子(9)這樣的表示特殊事例的句子。

在《我的邏輯學說概述》中，弗雷格還有另一種說明，他舉了下面的例子:

句子(10)「如果 a 大於 2，那麼 a^2 大於 2」

他認爲，「字母『 a 』產生這種不確定性並且導致整個句子結構的思想是普遍的。這是算術中字母的通常使用方式，即使不是唯一的方式。……這裡可以以算術中這種字母使用方式爲基礎」㉚。在《算術基礎》中，弗雷格區別了 1 + 2 + 3 這樣的公式和 a + b + c 這樣的公式，並且說明後者表達的是規律。在〈數學中的邏輯〉中他也明確地說，「在算術中，字母在不代表未知數的地方是用來使句子內容具有普遍性」㉛。從這些論述我們可以看出，弗雷格借鑒了算術中字母的使用方式，把這種數學方法加以推廣，進而探討自然語言的結構，從而揭示出思想的普遍性來。

但是從上面的例子可以看出，句子 (8) 與 (9) 是有明顯區別的。由於有專名「拿破崙」和字母「 a 」的區別，我們就可以看出，句子(8)含有的三個句子是: (a)「a 是一個人」; (b)「a 是要死的」; (c)「如果 a 是一個人，那麼 a 是要死的」。而句子 (9) 含有的三個句子是：(a′)「拿破崙是一個人」; (b′)「拿破崙是要死的」; (c′)「如果拿破崙是一個人，那麼拿破崙是要死的」。(a′)，(b′)和(c′)表達的顯然都是完整的思想。但是儘管(c)表達一個完整的思想，(a) 和 (b) 表達的卻不是完整的思想。因

㉚ Frege, pp. 216—217.
㉛ 弗雷格，頁270。

爲，如前所述，根據弗雷格的看法，句子的意義是思想，思想是我們把握眞的東西。而這裡的字母 a 是不確定的，因而我們無法知道(a)和(b)是眞的，還是假的。弗雷格認爲，(a)和(b)僅僅具有一個句子的語法形式，卻不是一個思想的表達式。他把它們叫作準句子 ㉜。重要的是，它們本身雖然不是思想的表達式，卻是假言句子結構的一部分，而這個假言句子結構是一個眞正的句子，表達一個思想。這說明，通過字母 a，(a)和(b)以假言結構結合成爲一個整體。

由於(a)和(b)不表達思想，因此只有在(c)中去理解。那麼能不能說由於用專名代入字母 a 之後，我們就得到(a′)和(b′)，它們表達思想，因此可以分別去理解它們呢？弗雷格認爲，「我們可以分別理解它們。但是我們再不能將這個表達普遍思想的句子分開，同時又使其諸部分有意義。因爲『a』這個字母應該將內容的普遍性賦予整體，而不是部分句子」㉝。在這一段話中，「a」這個字母「將內容的普遍性賦予整體」究竟是什麼意思？表面上看，(c′)表達的是特殊的思想，而(c)表達的是普遍思想，(c′)由(a′)和(b′)兩部分組成，雖然可以分別去理解(a′)和(b′)，但是(c)由(a)和(b)兩部分去組成，卻不能分別去理解(a)和(b)。(c′)中沒有字母，(a)，(b)和(c)中有字母，但是不能把(a)和(b)分開，而只能在(c)中去理解，因爲只有(c)表達思想。字母 a 表示普遍性，但是表示普遍性的旣不是前件(a)，也不是後件(b)，而是整個句子(c)。對此讓我們再做進一步的考慮。

假定 p，q 是任意句子，我們有下面的假言句子：

㉜ 弗雷格，頁217。
㉝ 弗雷格，頁216。

句子(11)「如果p，那麼q」

這個句子具有與句子(8)相同的假言句子結構，即「如果……那麼」。但是它並不表達弗雷格所說的普遍性，因爲沒有字母a。如果我們在p中引入字母a，就可以有下面的句子:

句子(12)「如果 F(a)，那麼q」

這裡，q中沒有字母a，儘管可能有字母b，c。句子(12)雖然具有與句子(8)相同的句子結構，又有字母a，但是它也不表達弗雷格所說的普遍性，因爲a只在p中出現，沒有在q中出現。如果我們只在q中引入字母a，就可以有下面的句子:

句子(13)「如果p，那麼 G(a)」

這個句子與句子(8)有相同的句子結構，也有字母a，但是它同樣不表達弗雷格所說的普遍性，因爲字母a只在q中出現，沒有在p中出現。如果我們在p和q中都引入字母a，就可以有下面的句子:

句子(14)「如果 F(a)，那麼 G(a)」

這個句子旣有與句子(8)相同的假言結構，又像句子(8)一樣，字母a旣出現在前件，又出現在後件，因此表達弗雷格說明的普遍性。弗雷格說:「爲了使普遍性更容易識別，人們可以補充說『無論a是什麼』」[34]。因此我們可以說:

句子(15)「無論a是什麼，如果 F(a)，那麼 G(a)」

由此我們可以看出，所謂字母a將內容的普遍性賦予整個句子，實際上是對a的範圍的界定。具體地說，如果句子(14)、(15)表達爲句子，那麼字母a使它們具有普遍性，就是說a表示下面

---

[34] Frege, p. 217; p. 201.

的一種結構:

句子(16)「(a)(……a……)」

我們以「→」表示假言結構「如果……那麼」,句子(16)就表達爲

句子(17)「(a)(F(a)→G(a))」

這實際上就是我們現在說的全稱量詞。弗雷格所說的不確定的部分或字母就是個體變元「a」,假言結構就是邏輯聯結詞「→」,賦予整個句子內容以普遍性即是量詞轄域。由此可見,弗雷格對於普遍性的論述實際上是對全稱量詞的詳細說明。

弗雷格對於量詞的分析,最主要的特點是突破了自然語言中語法的束縛。在自然語言中,一般是以「所有」、「每一個」、「凡」這樣的語言表示全稱量詞。它們一般是形容詞修飾後面的名詞,比如說「凡人皆有死」。分析量詞,不可能不分析它們。亞里士多德在《解釋篇》就探討過這個問題。他說,「『每一個』一詞不使主詞成爲普遍的,而是使這個詞具有全稱特點」㉟。「『每一個』一詞不給主詞以普遍意義,但是意謂,作爲一個主詞,它是周延的」㊱。從亞里士多德的論述可以看出,他對於「每一個」這個量詞的分析是限於句子的語法形式,即把它分析爲對句子中主詞的說明。弗雷格的分析與亞里士多德是不相同的。如上所述,他認爲「所有事物」一詞「只用來賦予這個句子內容的普遍性」。這裡表明,他把句子內容看作一個整體,把量詞看作對整個句子內容的斷定,即把量詞看作與句子內容不同的東西。換句話說,他把句子內容看作一個層次的東西,把量詞看作更高一個層次的東西。這實際上就是他在概念文字中建立一階謂詞系統時

㉟ 王路:頁70。
㊱ 同㉟。

所包含的、後來在〈論概念和對象〉中詳細論述的思想。而且這與他關於數的論述，即數的給出包含著對一個概念的斷定，也是完全一致的。這種關於量詞的思想完全突破了自然語言的束縛，揭示了語言中的量詞是更高一層的概念。

根據弗雷格在概念文字中的思想，根據他關於概念和對象的說明，一個具有全稱量詞的句子，就應該表現爲

$\forall x(Fx \rightarrow Gx)$

或者說，

「對任何事物x而言，如果x有性質F，那麼x有性質G」

這裡，也可以不說「對任何事物x而言」,而說「無論x是什麼」。

按照弗雷格的思想，我們實際上可以不說「對任何事物x而言」，這樣說只是爲了更容易認識普遍性,即量詞，因此可以簡單地說，

「如果x有性質F，那麼x有性質G」

而如果我們去掉字母x，只用自然語言表示，這個表達形式就可以表達爲

「如果某物有這種性質，那麼它就有那種性質」

這恰恰是句子(3)的變形。由此看出，弗雷格完全是按照自己在概念文字中關於量詞的思想，以及自己關於概念和對象的思想，從句子(3)出發，揭示出自然語言中量詞的邏輯性質，說明表示量詞邏輯性質的有兩種要素，一是「如果，那麼」這種結構，一是表示普遍性的字母a。語言中有時可以找到與之相應的語詞，有時找不到與之相應的語詞。正像弗雷格所說，邏輯的任務就是揭示出這種要素來。正是由於弗雷格的這種分析，今天我們才知道，對於「所有人都是要死的」這種形式的句子，它們的普遍

性，卽它的量詞是由

「如果x是一個人，那麼x是要死的」

這樣的句子表達的。而這一分析的重要之處就在於它爲我們分析句子結構，特別是分析複雜的量詞，提供了十分有效的方法。

第七章　弗雷格對邏輯的貢獻

亞里士多德創立了邏輯這門科學。他認爲邏輯研究推理，那時邏輯與數學緊密地結合在一起。到了中世紀，人們詳細探討組成推理的命題、命題中的詞項以及相關的問題，邏輯與語言學緊密地結合在一起。但是自文藝復興之後，隨著人們對宗教神學的批判，邏輯也受到人們的嚴厲批評。由此產生了兩種現象。一種現象是，在很長一段時間裡，邏輯的地位下降了。比如，彼得·拉姆斯（1515—1572）認爲，亞里士多德的邏輯是無用的。培根（1561—1626）撰書《新工具論》，與亞里士多德的《工具論》公開對抗。洛克（1632—1704）等英國經驗主義哲學家認爲，三段論不能發現新的知識，不能幫助人類理智。康德（1724—1804）則認爲，邏輯在亞里士多德那裡就已經完成了，兩千多年來沒有前進一步。如此等等。可以說在文藝復興後的幾百年間，邏輯這門科學受到前所未有的打擊。另一種現象是，邏輯著作中塞入了許多認識論和心理學方面的內容。例如人們熟悉的《王港邏輯》一書的書名就叫「邏輯或思維藝術」，書中探討了思維的問題，分別論述了概念、判斷、推理和方法。把邏輯的內容與心理學和認識論的內容混在一起。從此，邏輯被稱爲研究思維規律的科學。穆勒（1806—1873）還明確地說，邏輯不是與心理學涇渭分明的科學。心理學、認識論對邏輯的影響到處可見。甚至英國數學家布爾（1815—1864）也認爲邏輯研究思維規律，他的著作就命名爲《思維規律》。布爾明確地說，該書要研究進行推理時心靈那些運算的根本規律。所有這些都混淆了邏輯研究的對象，限制了邏輯這門科學的發展。

弗雷格是現代邏輯的開創者，他致力於恢復邏輯這門科學的地位和威望，同時他想從邏輯推出數學。他對邏輯的發展做出了開創性的貢獻。他做了兩方面的工作：一是建立一種新邏輯，並以這種邏輯爲工具，試圖推出數學；二是駁斥那些對邏輯的不公正的批評，清除邏輯中的汚染。這就要糾正過去幾百年間形成的錯誤偏見，把邏輯與認識論、心理學區別開來。第一方面的工作形成了他的概念文字，由此使邏輯這門科學獲得新生，產生了亞里士多德三段論所無法比擬的力量。第二方面的工作是通過區別邏輯研究的東西和心理學研究的東西，明確闡述邏輯研究的對象。

弗雷格認爲，邏輯研究眞，邏輯是關於實眞的最普遍規律的科學。邏輯的任務是僅僅說明最普遍的東西，對所有思維領域都有效的東西。他認爲，正像「美」這個詞爲美學、「善」這個詞爲論理學指引方向一樣，「眞」這個詞爲邏輯指引方向。儘管所有科學都以眞爲目標，邏輯卻以不同的方式研究眞。如果我們以他的《概念文字》爲起點，以他的〈論邏輯的普遍性〉爲終結來看待他的思想，那麼可以說，他在絕大部分論文和著作中都談到「眞」和與「眞」有關的問題。其中特別是在〈邏輯〉(1897)、〈思想〉(1918)、〈論意義和意謂〉(1892) 等文章中，他對「眞」這一概念進行了廣泛而深入的探討。他的論述涉及許多問題，包括邏輯研究的對象及方式，邏輯和心理學的區別，以及有關本體論的關係。這些論述集中反映了他的邏輯觀，反映了他對邏輯這門科學的性質的認識，具有邏輯方面和哲學方面的重要意義。

一、什麼是真

無論是在邏輯中還是在哲學中，「眞」都是一個十分重要的概念。因而圍繞「眞」而產生的問題也是十分重要的問題。歷史上一些著名的哲學家和邏輯學家都探討過這個問題。亞里士多德認為，肯定是這樣的情況，就是眞的；否定不是這樣的情況，也是眞的；而肯定不是這樣的情況，就是假的；否定是這樣的情況，也是假的。在他這裡，「眞」是由事物決定的，或者說由事物狀態決定的，眞表現為語言和事物或事態或者表現為語言和現實之間的一種符合或依賴關係。因而可以說這是一種符合論。弗雷格雖然沒有直接批評亞里士多德，但是他對亞里士多德這樣的觀點顯然持否定態度。他認為，眞是不能定義的，如果以「如果一種概念與現實一致，那麼它是眞的」這種說法來定義眞，則什麼也不會得到，因為這必須在一種給定的條件下確定表象和現實是不是一致，即確定：表象和現實一致是不是眞的，這樣就預先假定了定義者本身。他認為，這裡起主要作用的是定義者本身。因此，「眞顯然是基始的和簡單的東西，以致不可能再還原為更簡單的東西」❶。這裡說明了「眞」這一概念的一個非常重要的性質，即它是一個基始概念，因而是無法定義的。

弗雷格從語言形式出發論述了眞。在語言中，眞可以作謂

---

❶　弗雷格，頁181—182。

詞，也可以作形容詞。從作謂詞的角度看，我們可以把「眞」這個謂詞和「美」這個謂詞加以比較，從而看出它的獨特性。兩個對象是美的，但是其中一個可以比另一個更美，而兩個思想是眞的，卻不會一個比另一個更眞。此外特別重要的是，美的東西對於認爲它美的人才是美的，眞的東西卻不依賴於人們的承認而是眞的。因此在涉及眞的地方會產生對錯，比如我們認爲某物是眞的，它卻不一定是眞的。而在涉及美的地方卻不會有對錯之分，對這個人是美的東西，對那個人可以不是美的，這只是審美力的問題。就「眞」這個謂詞本身來說，它的獨特性在於「每當表示出某種東西時，它總被連帶地表示出來」❷。例如，我們斷定了 2＋3＝5，這樣我們就斷定了：2＋3＝5這是眞的。這裡，「……這是眞的」這四個字實際上是不必說出來的。斷定句的形式實際上就是我們藉以表達眞的東西。因此，斷定句的形式是至關重要的。在弗雷格看來，「眞」是隱含在斷定句的形式中的。只要說出一個斷定句，不論說不說出「這是眞的」，都表達了眞。由此看出，「眞」與斷定句有關係，因而眞涉及句子。

從作形容詞的角度看，眞可以表達不同的東西，比如表達一幅畫，表達一個表象，表達一個句子，表達一個思想，等等。人們可以說，一幅畫是眞的，一種感覺是眞的，一句話是眞的，等等，或者說，「一幅眞畫」、「一塊眞石頭」、「一片眞樹葉」、「一個眞句子」、「一個眞思想」等等。石頭、樹葉等東西是感官可感覺的。畫是感官可感覺的東西，但是它表達的主題卻不是感官可感覺的。句子是感官可感覺的，但是句子表達的思想不是感官可

❷ 弗雷格，頁183。

感覺的。在這些不同的使用方式中,「眞」的意義是十分不同的。弗雷格認爲,人們「把『眞』這個詞放在另一個詞的前面,這是要說,人們應該知道,這個詞是在它原來的、未曲解的意義上理解」❸。這就說明,「眞」作形容詞的用法與其他形容詞的用法是不同的。像「綠的」、「堅硬的」這樣的形容詞表達的是它們所修飾的那些詞所表達的事物的性質。比如說「綠葉」表明葉子有綠色的性質,「堅硬的石頭」表明石頭有堅硬的性質。但是我們說「眞金」,並不是說金子有「眞的」這種性質,而是說金子有它實際上應該具有的那些性質。有時我們說「一幅眞畫」或「一幅畫是眞的」。但是這同樣不是說這幅畫具有「眞的」這種性質,而是說這幅畫是它署名的作者所作。這說明,「眞的」雖然可以作爲形容詞使用,但是它與其他形容詞是不同的。它不是感官可感覺的事物的性質。弗雷格認爲,客觀外界的東西是可看見、可觸摸的,畫上東西,比如石頭、樹葉,也是可看見,可觸摸的。但是畫上的東西不是實在的東西,而是某種東西的再現。如果畫的是科隆大教堂,那麼我們一定要知道科隆大教堂,再來看看這幅畫是不是體現了它,然後才能說這幅畫是不是眞的。因此,當我們談論畫上的東西是不是眞的時,我們顯然有一種目的,即我們總是把畫上的東西與實際的東西加以比較,如果畫上的東西與實際的東西相一致,畫就被稱爲是眞的。由於必須把畫上的東西與實際的東西進行比較,因而當我們說一幅畫是眞的,我們並不是說這幅畫具有「眞」這種性質,也不是說畫上的東西具有「眞」這種性質,而是說所畫的東西與被畫的東西是相符合的。弗雷格

---

❸ 弗雷格,頁114。

指出，「由此可以設想，『眞』存在於畫與被畫東西的一致之中。一致是一種關係，而『眞』一詞的使用方式與它是矛盾的，因爲『眞』不是關係詞，根本不包含某物應該與之相一致的另一個東西」❹。這裡顯然出現了問題，現實的東西與表象或者說與畫上的東西是根本不同的。人們無法把眞確定爲表象與現實的東西一致，因爲二者不會是完全一致的，因而不會有完全的眞。但是這樣一來，表象或畫上的東西與現實的東西都不能是眞的，「因爲僅一半眞的東西是不眞的。眞所傳達的東西旣不多也不少」❺。有人認爲，當某些方面存在一致時，就存在眞。弗雷格認爲，這是不行的。因爲在這樣的假定下，我們必須說明在哪些方面存在一致。而當我們進行這樣的說明時，我們必須研究在規定的方面表象與現實的東西是不是一致。這樣就又遇到「眞」這個問題，從而陷入循環。因此我們無法把眞解釋爲一致。弗雷格指出，由此說明「眞」一詞具有獨特的和不可定義的涵義。他說：

> 當談論一幅畫的真時，實際上不是要表達那種完全脫離其他事物而屬於這幅畫的性質。相反，這時人們總還要考慮一個完全不同的東西。而且人們還要說那幅畫與這個東西有某些一致。「我的表象與科隆大教堂相一致」是一個句子，並且現在探討這個句子的真。因此，在濫用之下稱之為畫和表象的真的東西，就化歸為句子的真❻。

---

❹　弗雷格，頁114—115。
❺　弗雷格，頁115。
❻　弗雷格，頁115—116。

這段話中有一個極其重要的思想，就是通過把對事物和表象的分析轉化爲對語言的分析，從而揭示出「眞」是與句子緊密相關的。眞不是具體事物的性質，因此與「紅的」、「綠的」、「苦的」、「硬的」這樣的形容詞的意謂不同。「把眞化歸爲句子」，從而說明眞與句子有關係。既然眞與句子有關係，那麼探討眞就要考慮句子。但是自然語言中句子的範圍顯然太廣了，並非所有句子都與眞有關。弗雷格指出，眞用於句子，但是必須排除願望句、疑問句、祈使句和命令句，只考慮斷定句，就是那些「我們藉以傳達事實、提出數學定律或自然律的句子」❼。他對於這一點進行了大量的分析，探討了各種形式的句子，認爲願望句、疑問句、祈使句和命令句這些句子都有意義，但是它們並不包含眞正的思想，因爲這些句子不必要麼是眞的要麼是假的。只有斷定句才包含眞正的思想。

弗雷格說：「眞這一謂詞顯然不是構成一個句子的語音系列，而是句子的意義，我們實際上認爲這種意義是眞的」❽。「當我們稱一個句子是眞的時候，我們實際上是指它的意義」❾。這就說明，眞不是對句子形式的說明，而是對句子意義的說明。它是語義方面的重要概念。這裡，如果我們聯繫弗雷格關於意義和意謂的思想來考慮，則看得更加清楚。一個句子的意義是它的思想，一個句子的意謂是它的眞値，即眞和假。由此可見，句子表達的思想和句子的意謂都與句子的內容有關。說一個句子是眞的，就是說這個句子表達的思想是眞的。這顯然是語義方面的證明。

---

❼ 弗雷格，頁183。
❽ 弗雷格，頁183。
❾ 弗雷格，頁116。

我們把弗雷格關於什麼是眞的論述概括一下，就可以發現，眞是一個基始的不能再還原的語義概念。斷定句的形式中隱含著眞，因而「眞」可以不說出來。而在把眞作謂詞說出來時，眞是對句子意義的說明。這說明眞與句子緊密聯繫在一起。

從歷史上看，邏輯的創始人亞里士多德和現代邏輯語義學的創始人塔斯基也表達過與弗雷格相似的思想。亞里士多德認爲，語句表達思想，但是「並非每一個語句都是命題，只有本身含眞、假的語句才是命題」⑩，邏輯只研究命題。這樣，他就從眞假方面規定了邏輯所考慮的句子範圍。他正是在這一範圍內分析了命題形式及其關係，並且研究了由命題組成的推理的形式，建立三段論演繹系統。弗雷格說的「眞」只適用於斷定句，實際上也是以「眞」規定了所考慮的句子範圍，這與亞里士多德的思想是完全一致的。而且，弗雷格雖然認爲眞是對句子意義的說明，但是他還認爲「眞」隱含在斷定句的形式之中，這樣就強調了斷定句的形式。邏輯研究的恰恰是與這樣的句子形式有關的東西。

塔斯基認爲，在自然語言中要想無矛盾地使用眞句子似乎是成問題的，要爲「眞句子」構造一個完善的定義是不行的。因此他從自然語言轉到形式語言，在形式語言中對眞進行定義，最後證明可以把眞這個概念無矛盾地引入一個演繹理論。塔斯基的研究開始了嚴格意義上的現代邏輯語義學。弗雷格認爲「眞」是基始概念，是無法定義的。他通過限定眞的使用範圍，把眞限於斷定句，以此來描述眞，區別出句子的意義和意謂，說明句子的意謂就是它的眞値。這樣，他爲句子提供一種語義解釋。我們很難

---

⑩ 王路，頁66。

說弗雷格的思想對塔斯基產生過多少影響，但是至少可以說，關於眞，他們的思想有很相似的地方，而且塔斯基的一些思想在弗雷格那裡已有論述。

從亞里士多德和塔斯基的論述我們也可看出，眞是一個十分重要的概念。對於邏輯具有至關重要的意義。難怪像亞里士多德、弗雷格、塔斯基這樣的大邏輯學家都要著重考慮這一問題，儘管他們考慮的方面和角度有所不同。我們還應該看到，亞里士多德只從眞假的角度限定了邏輯研究的範圍，塔斯基僅僅從語義方面定義了形式語言中眞這一概念。而弗雷格則從語言分析的角度探討了眞的存在方式，說明眞是句子的眞值，存在於斷定句的形式之中。這實際上爲眞提供了本體論的說明和論證。因而弗雷格的思想不僅具有邏輯方面的意義，而且具有哲學方面的重大意義。

二、實真和把某物看作真

弗雷格指出有兩種眞，一種是實眞，一種是把某物看作眞。他說，「爲了排除各種誤解，爲了使人們不混淆心理學和邏輯學之間的界線，我規定邏輯的任務是發現實眞的規律，而不是把某物看作眞的規律或思維規律」⓫。這裡自然就有兩個問題：什麼是實眞？什麼是把某物看作眞？第二個問題似乎不會造成什麼困難，但是第一個問題卻需要解釋。弗雷格說：「自然規律是自然現象中具有普遍性的東西，自然現象總是與這種普遍性的東西相

⓫ 弗雷格，頁114。

一致的。我主要在這種意義上談論實眞的規律」⑫。由此我們可以看出，實眞的規律具有普遍性。

在德文中，「眞」這個詞的名詞是「Wahrheit」，形容詞是「wahr」。當說某種東西是眞的，德文的表達是「Es ist wahr」。弗雷格所說的實眞是「Wahrsein」，他所說的把某物看作眞是「Fuerwahrhalten」。從字面上看，他按照德文的語法規則組成了這樣兩個詞。實際上，「實眞」（Wahrsein）是「是眞的」（ist wahr）的名詞形式；「把某物看作眞」（Fuerwahrhalten）則是「認爲某物是眞的」（etwas fuer wahr halten）的名詞表達式。因此，從字面上看，「實眞」卽是「是眞的」的名詞形式，因此「實眞」實際上就是「眞」。此外，弗雷格也說：「一個句子的意義是作爲這樣一種東西出現的，借助它能夠考慮實眞……無論如何實眞不在於這種意義與不同的東西的一致，因爲如果這樣，關於實眞這個問題就會無限重複下去」⑬。這裡的前一句話與弗雷格說的另一句話是一樣的，卽「我稱思想爲某種能夠借以考慮眞的東西」⑭。由此看出，實眞卽是眞。前面我們說過，弗雷格認爲如果以「如果一種概念與現實一致，那麼它是眞的」這種說法來定義眞，則什麼也不會得到，因爲這樣實際上預先假定了定義者本身。弗雷格的這一思想與後一句話的意思差不多是一樣的。由此也說明，實眞卽是眞。因此可以說，弗雷格所說的區別出實眞和把某物看作眞就是區別出眞與把某物看作眞。

弗雷格指出，探討眞，不是探討具體的事件，而是探討一種

---

⑫ 弗雷格，頁113。
⑬ 弗雷格，頁116。
⑭ 同⑬。

存在。而「把某物看作眞」乃是一種認識的心理過程，與實眞根本不同。這裡他實際上區別出本體論意義上的眞和認識論意義上的眞。

實眞即是眞。而且前面我們也說過，眞是語義方面的重要概念，與句子密切相關。但是我們仍然可以問，什麼是眞呢？弗雷格區別出句子的意義和意謂。句子的意義是它的思想，句子的意謂是它的眞值，卽眞和假。因此可以說，眞是句子表達的思想的眞值。那麼眞究竟有什麼性質和特徵呢？由於眞和句子、和思想緊密結合在一起，因此必須結合思想來說明它。我們看到，弗雷格借助「思想」和「表象」這兩個概念對眞進行了詳細的論證和說明。

如前所述，弗雷格通過對思想和表象進行比較和分析，然後指出，思想不是表象，不專屬於個人的意識內容，比如畢達哥拉斯定理表達的思想對每個人都是共同的。思想也不需要承載者，不屬於承載者的意識內容，否則就沒有多數人共同的、能夠由多數人進行研究的科學，而會是你有你的科學，我有我的科學。因此，思想既不是外界事物，也不是表象。思想不是思維行爲，而是思考的對象。因而思想是一種實體。思想不是被人們創造的，而是被人們發現的。思想就其本質而言是非時間性和非空間性的，因而思想是不變的。如果一個思想是眞的，它就永遠是眞的。

我們已經看到，弗雷格從句子的內容方面區分出意義和意謂，形成一套理論，指出句子的意義是它的思想，句子的意謂是它的眞值，卽眞和假。句子的思想是第一層次的，句子的眞是第二層次的。思想決定句子的眞。這就說明，眞與思想有十分密切的聯繫。由於思想是我們借以把握眞的東西，因此，除了前面說的眞的獨特性質以外，思想的一些性質和特徵決定了眞的一些基本性質和特徵：

1.**眞是思考的對象**

因爲思想是思考的對象，它是第一層次的。眞不是思想，是第二層次的。正像弗雷格所說的那樣，我們可以不考慮句子的意義，而考慮句子的意謂，即不考慮思想，而考慮眞，或者說，從思想推進到眞。因此眞與思想都屬於我們可以思考的東西。眞也是實體，但它不是客觀外界的實體，而是一種抽象實體。

2.**眞不是被創造出來的，而是被發現的**

因爲思想不是被創造的，而是被發現的。一個思想不依賴於我們的認識而存在，那麼它的眞當然不依賴於我們的認識而存在。即使我們不知道畢達哥拉斯定理，它的眞依然是存在的。我們知道它是眞的，這不過是我們發現了它是眞的這一事實。

3.**眞也是沒有時空性的**

因爲思想是非時間性和非空間性的，因而是不變的。一個思想如果是眞的，它就永遠是眞的，而不會有時眞，有時假。眞是不會發生變化的，發生變化的只是我們的認識。

區別出眞和把某物看作眞，指出研究眞是邏輯的任務，而研究把某物看作眞屬於心理學，這就指明了邏輯研究的對象，爲使邏輯擺脫心理學的影響和束縛奠定了基礎。

三、研究真的方法

弗雷格明確地說，許多科學都研究眞，但是邏輯以不同的方式研究眞。究竟用什麼方式，他似乎沒有明確的說明。然而在他

的著作中，我們可以清清楚楚地看到他的有關思想。這些思想基本上可以歸爲以下三點:

1.要建立形式語言，以此來研究眞

如上所述，弗雷格的邏輯主義表現爲把算術化歸爲邏輯，這樣，他就必須把少數幾條算術公理化歸爲邏輯定理，用邏輯語言來定義算術公理中非邏輯語言所表達的概念。在這一研究過程中，他發現語言的不完善性。自然語言是有歧義的，它滿足不了建立邏輯系統所必須的一義性的要求。因此他拋棄了僅使用自然語言的方法，建立了一種形式語言。這就是他的概念文字。建立和使用形式語言，爲研究邏輯提供了有力的工具，爲邏輯走上形式化的道路、從而成爲一門精確的科學奠定了基礎。

2.要建立演算，以此來研究眞

有了形式語言，就可以通過形式語言來刻劃一些推理規則，刻劃一些表達規律的公式。但是這還不夠。弗雷格指出，「是只知道這些規則，還是也知道一些規則如何同時給出另一些規則，顯然是不同的。用後一種方式可以得到少數幾條規律，這幾條規律如果加上規則中包含的那些規律，則將一切（儘管尚未得到發展的）規律的內容都包括在內。……由於可提出的規律數量極大，以致不能全部列舉出來，因此通過尋找那些根據其力量將一切包括在內的規律才能達到完全性」⓯。這裡實際上是說，我們應該選擇幾個公式作爲公理，從這些公理出發，加上幾條推理規則，使一切表達眞的規律都可以作爲定理在這個系統中推演出來。這充分反映出弗雷格建立演算系統的思想。

⓯　弗雷格，頁31。

如果說在《概念文字》中弗雷格主要考慮的是建立一階謂詞演算系統，而沒有詳細展開說明如何建立系統以及建立系統的重要性，那麼在〈數學中的邏輯〉（1914）中，他詳細闡述了這個問題。他認爲，邏輯研究推理，數學與邏輯的聯繫最緊密，因爲數學的全部活動幾乎都是進行推理。在推理過程中，爲了獲得一個眞命題，我們選擇一個或兩個已被承認爲眞的命題爲推理的前提。這樣獲得的結論是一個新的眞命題，它又可以和其他眞命題結合起來用於推理。這樣得到的眞命題一般稱爲定理。由於通過推理可以得到一個眞命題，而這個眞命題又可以用於其他許多推理的前提，因此就建立了眞命題的推理串。推理串有兩個過程。一個是前進過程。我們從一個或幾個眞命題出發，總可以推出其他眞命題，因此眞命題是可以擴展的，而且這種擴展似乎是沒有限制的。另一個是倒退過程。我們探討一個眞命題是從哪些眞命題推出來的。倒退的過程是有限制的。當倒退到一個或一些初始眞命題，卽一些不能再從其他命題推出的眞命題時，倒退過程就結束了。這些初始眞命題就是公理，有時是公設或定義。公理和定理都是眞命題，但是公理是系統中沒有被證明而且也不需要證明的眞命題。「如果我們假定終於發現那些眞命題，並且數學由之發展起來，那麼數學就表現爲一個通過邏輯推理而相互聯結的眞命題系統」⑯。

從邏輯史來看，亞里士多德很早就有建立邏輯系統的思想。他的三段論系統是第一個邏輯演繹系統。他的三段論有三個格，十四個有效式。按照他的思想，第一格的四個式可以作公理，其

---

⑯ 弗雷格，頁227。

他兩個格的十個式可以化歸爲第一格的四個式。也就是說，可以從第一格的式推出第二格和第三格的式。亞里士多德還說明他的三段論是一切證明的基礎。但是他沒有像弗雷格這樣明確地說要建立系統，以此來研究眞命題。特別是到了中世紀以後，亞里士多德三段論的表述換了一種方式，三段論的證明不是像亞里士多德本人那樣把第二格和第三格的式化歸爲第一格的式，或者說，不再是從第一格的式推出第二格和第三格的式，而是被代之以一套語言規則，以此來檢驗一個三段論式是不是正確。這樣，建立演算的思想在傳統邏輯中蕩然無存⑰。

弗雷格不僅建立了一階謂詞演算系統，而且明確提出要建立演算的思想。他說，我們「必須拒絕使用像『稍加考慮就能明白』和『正像人們很容易看到那樣』這樣的用語。這種稍加考慮必須這樣說，使得人們看到它由哪些推理構成，同時在這些推理中用了哪些前提。……人們必須力求淸楚地認識推理的內部結構，根據這種認識才能確信某物。只有這樣才能發現原始眞命題，只有這樣才能建立一個系統」⑱。

建立邏輯演算系統的思想是十分重要的。無論是我們今天在一般意義上說的邏輯研究推理，還是弗雷格說的邏輯研究眞或邏輯研究實眞的規律，實際上都意謂邏輯研究永眞的命題形式。這樣的命題形式是無窮多的。如果我們僅憑經驗去研究，我們可能只會得到個別的或一些永眞命題形式，而不能得到全部永眞命題

---

⑰ 王路，《亞里士多德的邏輯學說》第 4 章，我對於亞里士多德三段論與傳統三段論進行了詳細的分析和比較，指出了它們之間的差異和優劣。

⑱ 弗雷格，頁228。

形式。這樣我們就不能系統地全面研究推理及其規律，不能深刻地揭示它們的邏輯性質。爲了系統地研究和把握推理和推理規律，刻劃它們的邏輯性質，就必須建立演算，以此囊括無窮多眞命題，從整體上對它們進行研究。現代邏輯的命題演算系統是對命題聯結詞的系統研究，它刻劃了命題聯結詞的邏輯性質和特徵。一階謂詞演算系統是對量詞的系統研究，它刻劃了量詞的邏輯性質。而這一基本思想和成果正是來自並基於弗雷格建立邏輯系統的思想。

3. 在研究自然語言的句子時要區別意義和意謂

構造形式語言，建立邏輯演算，這樣我們就有了一個有力的工具。應用這個工具，可以分析自然語言中邏輯規律的性質和特徵。這種研究的集中體現就是區分出句子的意義和意謂，句子的意義是思想，句子的意謂是眞值。思想是我們可以理解和把握的，但不是邏輯研究的對象。眞值有兩個，一個是眞，一個是假。句子的眞假才是邏輯研究的對象。而區別出意義和意謂就爲邏輯研究奠定了基礎。

句子可以分爲部分和整體，整體是由部分構成的。由於區別出句子的意義和意謂，而且我們知道句子的部分也有意義和意謂，這樣我們就可以知道句子有許多邏輯性質：

(1) 一般來說，句子的意謂是眞值。當一個句子的一部分被代之以眞值相同而意義不同的一個表達式時，這個句子的眞值必然保持不變。因此考慮句子的眞值，必須要考慮句子部分的眞值。

(2) 當句子含有一個專名時，句子的眞值是由專名的意謂決定的，即由專名表示的對象決定的，因此考慮句子的眞值，必須考慮其中的專名表示的對象。

(3) 當句子含有概念詞時，句子的意謂是由概念詞的意謂，即由概念決定的。因此考慮句子的眞値，必須考慮概念詞的意謂。

(4) 當句子A是由 P_1 和句子 P_2 合取構成時，A的眞値是由 P_1 和 P_2 的眞値決定的。P_1 和 P_2 必須都是眞的，A才能是眞的。因此考慮A的眞値，必須考慮 P_1 和 P_2 的眞値。

(5) 當句子A是由句子 P_1 和句子 P_2 析取構成時，A的眞値是由 P_1 和 P_2 的眞値決定的。P_1 和 P_2 必須至少有一個是眞的，A才能是眞的。因此，考慮A的眞値，必須考慮 P_1 和 P_2 的眞値。

(6) 當句子A是由句子 P_1 和句子 P_2 蘊涵構成時，比如，如果 P_1，那麼 P_2，A的眞値是由 P_1 和 P_2 的眞値決定的。A是眞的，當且僅當不能 P_1 是眞的，而 P_2 是假的。因此，考慮A的眞値，必須考慮 P_1 和 P_2 的眞値。

(7) 當句子A是由句子P和句子P的否定構成時，A的眞値是由P的眞値決定的。如果P是眞的，A就是假的；如果P是假的，A就是眞的。因此，考慮A的眞値，必須考慮P的眞値。

特別應該注意的是，這裡有兩點十分重要。一點是句子的眞値，另一點是句子的眞値條件。句子的眞値是由句子的眞値條件決定的。弗雷格關於句子的意義和意謂的區別，最主要是揭示了什麼是句子的眞値，而弗雷格關於對象和概念的說明，關於思想的否定、思想結構和思想的普遍性的論述則揭示了句子的眞値條件。句子有語法形式和邏輯形式，這兩種形式有時一樣，有時則不一樣。通過語法形式的分析達到對邏輯形式的認識，正是邏輯學的任務和工作。

從上述可以看出， 弗雷格構造形式語言， 建立邏輯演算系統，以此來研究眞。同時他把這種研究結果應用到對自然語言中句子的分析，探討句子的意義和意謂，研究句子的邏輯結構和性質。而這兩種研究方式歸根到底說明一個事實: 研究眞是和句子緊密結合在一起的。弗雷格在《概念文字》開篇處說:「認識一種科學的眞一般要經歷許多階段，這些階段的可靠性是不同的。當一個普遍句子通過推理串與其他眞句子結合在一起時，它的確定就變得越來越可靠。……一方面可以詢問逐漸獲得一個句子的途徑，另一方面可以詢問這個句子最終牢固確立起來的方式。第一個問題對於不同的人也許一定會得到不同的回答。第二個問題比較確定，對它的回答與所考慮的句子的本質有關」⑲。這段話充分說明，在弗雷格的思想中，邏輯研究眞，句子的眞是至關重要的。因此要從句子入手進行研究，研究眞必須和句子結合在一起。 特別應該強調指出， 弗雷格的這一觀點具有兩方面重要意義。其一，在邏輯系統中，首先研究句子，這就打破了傳統邏輯中概念、判斷、推理的體系和框架，更加突出了邏輯研究推理的性質，從而開創了現代邏輯的新模式，即首先是命題演算，然後是謂詞演算。其二，在哲學方面，首先研究句子，這就突出了句子的認識作用，句子成了認識的基本單位，概念只有在句子中或在一定語境中才有意義。這就改變了過去從概念到判斷的認識模式，開創了一種新的意義理論的分析模式。

---

⑲ 弗雷格，頁1。

第八章　弗雷格對哲學的貢獻

弗雷格是偉大的邏輯學家，但是他也被稱爲語言哲學的創始人。這主要是因爲，他在許多著作中談到語言，談到語言的不完善性，並且用邏輯方法對語言進行了分析，特別是對語言的基本單位——句子——進行了一系列深入的探討和說明，由此形成了他的語言哲學的思想；他對數、眞假、思想等抽象實體進行了詳細深入的探討，由此形成了他的本體論的思想。這些思想對當代哲學產生了極其巨大的影響。特別是他提供了一種邏輯工具和從語言到本體的分析方法，從而爲本世紀的「語言轉向」奠定了基礎。

一、意義理論

弗雷格的語言哲學可以說是一種意義理論。它有以下幾個特徵。

首先，弗雷格的語言哲學是以概念文字爲基礎，卽以他自己構造的形式語言和用這種語言構造的一階謂詞演算系統爲基礎的。當他把概念文字的思想應用到語言分析時，他做了極其重要的擴展。弗雷格在概念文字中最重要的思想之一是引入函數和自變元。

以這種思想來分析句子，就區分出句子完整的和不完整的部分，或者說滿足的和不滿足的部分。根據這個思想進一步分析，也就區分出一個對象處於一個概念之下和一個概念處於另一個概念之下這樣兩種不同的關係。這樣揭示出來的句子結構及其關係基本上就是一元謂詞，二元關係，一元句子算子，二元句子算子和量詞，等等。這樣的關係表明，句子的邏輯形式與句子的語法形式是不一樣的。

弗雷格在概念文字中的另一個重要的思想是引入「├──」作判斷符號。「├──A」表示A所表達的內容是眞的。一般來說，這意謂對給出的句子做出一種解釋。這種解釋是二值的，即一個句子要麼是眞的，要麼是假的。根據這一思想來分析句子就說明：句子的意謂是句子的眞或句子的假，單稱詞的意謂是它意謂的那個對象，概念詞的意謂是它表達的那個概念，一個謂詞表達式的意謂是它表達的那個概念。在對自然語句的探討過程中，弗雷格稱眞假爲眞值。這裡極其重要的是弗雷格不是直接探討眞假，而是引入了「意謂」這一概念。以此說明句子的意謂是眞值；單稱詞的意謂不是眞值，而是對象；概念詞和謂詞的意謂也不是眞值，而是概念。

按照邏輯演算的思想，句子的眞假是由句子的形式決定的。這樣弗雷格就對句子結構提供了語義說明，比如：在一個含有一個單稱詞的簡單句中，句子的眞假是由句子中的專名意謂的對象決定的。如果句子中的專名沒有意謂，即沒有承載它的對象，那麼這個句子就沒有眞假；在一個含有兩個單稱詞並表示這兩個單稱詞的一種關係的簡單句中，句子的眞假是由這兩個單稱詞意謂的對象決定的。如果句子中的單稱詞意謂的對象不存在，這個句子就沒有眞假；在否定句中，句子的眞假是由被否定的句子的眞假決定的。如果被否定的句子是眞的，那麼這個否定句就是假的。如果被否定的句子是假的，那麼這個否定句就是眞的；在合取式、析取式或蘊涵式等句子中，整個句子的眞假是由作爲句子一部分的句子的眞假決定的；在含有量詞的句子中，句子的眞假是由作自變元的謂詞的意謂決定的。由於謂詞的意謂是概念，概念是函數，因此整個句子的眞假是由謂詞表達的函數值決定的。特別應該注意的是，這是一種嚴格的邏輯的語義說明。比如，一個簡單的單稱句子的意謂是由句子中單稱詞意謂的對象決定的。它既沒有說明句子中的單稱詞是不是確實意謂一個對象，也沒有說明如何確定什麼東西是單稱詞的對象，而是僅僅說明句子的意謂是由句子中單稱詞的意謂決定的，就是說，它僅僅規定了在這樣的句式中，句子的意謂是以什麼方式決定的。

其次，如果說弗雷格的語言哲學以邏輯爲基礎，並且僅僅限於提供一種邏輯的語義說明，那麼有了以上的解釋實際上就足夠了。但是弗雷格並沒有僅僅停留在這裡，而是還從意義的角度進行了說明。但是値得注意的是，弗雷格雖然談論意義，探討意義，卻不是一般地隨意地去研究意義，而是以他對句子的基本結構的分析爲基礎，由此出發來探討意義，而最終要說明句子的意義和意謂的基本關係。因此首先他說明句子的意義是思想，句子的意義和句子部分的意義是不同的，句子的意義是由句子部分的意義構成的。

句子本身有自然的意義，或者說，句子本身有客觀的意義，約定俗成的意義。句子還有意謂，即眞和假。因此就有必要對句子的意義和意謂進行區別。從另一個角度說，從句子的內容出發，區別句子的意義和意謂，最終說明它們是不同的，一方是句子表達的思想，一方是句子的眞值。不論從哪個角度說，對句子的意義和意謂的區別都是十分重要的。否則在自然語言中會把二者混爲一談，或造成一定的混淆。弗雷格對意義和意謂進行了區別，他認爲，句子的意義是思想；句子的意謂是眞值；理解一個句子就是知道句子表達的思想；判斷一個句子就是對句子表達的思想的眞做出斷定。這樣就說明意義和意謂同屬於句子的語義方面，但是在不同的層次上。句子的意義是一個層次，句子的意謂是另一個層次。就是說，句子本身的意義是一個層次，句子的眞假是另一個層次。由此更加清楚地說明，在自然語言中，我們所研究的眞是什麼。

既然句子有意義，也有意謂，那麼顯然有一個關於二者之間關係的問題。儘管我們可以只考慮意義，不考慮意謂，也可以只考慮意謂，不考慮意義，但是我們仍然有可能既考慮意義，又考慮意謂。因此意義和意謂之間一定有一種關係。即使不考慮我們的主觀因素，而僅考慮純客觀的句子，也不能絲毫不考慮句子的意義和意謂之間的關係。因爲既然句子有意義，也有意謂，那麼意義和意謂一定有一種客觀的關係。弗雷格對這種關係的描述是：意義是決定意謂的方式；句子的意義是決定句子的意謂的方式；一個單稱詞的意義是決定該單稱詞的意謂的方式；一個複雜表達式的意義是決定其意謂的方式。

在對句子的論述中，弗雷格實際上提供了兩種確定意謂的方式。一種是從句子結構和意謂的角度，另一種是從意義和意謂的角度。從句子結構和意謂的角度提供的說明實際上是純邏輯的、外延的，因爲它不需要考慮意義。而從意義的角度提供的說明實際上也是純邏輯的，但是內涵的。這兩種說明是不同的。

句子的意義是決定句子的意謂的方式，反映了弗雷格的一個十分重要的思想，即句子的意義是句子的思想，句子的意謂是句子的眞值。思想是我們藉以把握眞的東西，因此嚴格地說，所謂句子的眞值是指句子表達的思想的眞假。句子的眞假是由句子的思想決定的。那麼思想如何決定其眞假呢？回答這個問題，必須要考慮構成思想的成分。由於句子的意義是由構成句子的句子部分的意義決定的，因此要考慮句子的構成部分的意義。這樣的構成部分種類很多，但是最基本的有兩個，一個是單稱詞，另一個是謂詞。謂詞往往是一個複雜表達式，因此可以說，最基本的構成部分是單稱詞和複雜表達式。這樣，只要考慮這兩種部分就可以了。一方面，單稱詞的意義構成整個句子的意義的一部分。這樣，單稱詞的意義就與整個句子的意義有聯繫。由於整個句子的意義與句子的眞假有關係，因而單稱詞的意義就與整個句子的眞假有了一種聯繫。另一方面，單稱詞的意義決定了單稱詞所意謂的對象，因此單稱詞的意義與單稱詞的意謂有聯繫。由於單稱詞的意謂與句子的意謂相聯繫，因此單稱詞的意義就與整個句子的意謂有了一種聯繫。在這種意義上說，單稱詞的意義與句子的意謂顯然不是有直接的聯繫，而是有間接的聯繫。但是這種間接的聯繫卻是十分重要的。它說明，歸根結底，在確定句子的眞假的過程中，單稱詞的意義是必不可少的。因爲，如果沒有單稱詞的意義，要麼整個句子就會沒有意義，因而無法確定整個句子的眞假，要麼無法確定單稱詞的意謂，因而無法確定句子的眞假。

對於謂詞而言，理論上說差不多是一樣的。一方面，一個謂詞表達式是句子的一部分，因此它的意義構成整個句子的意義的一部分。由於句子的意義與句子的意謂有聯繫，因此謂詞表達式的意義與句子的意謂就有了一種聯繫。另一方面，謂詞的意義決定了謂詞所意謂的概念，因此與謂詞的意謂相聯繫。由於謂詞的意謂與句子的意謂相聯繫，因此謂詞的意義與句子的意謂就有了一種聯繫。這種聯繫也是間接的，而不是直接的。它的重要性在於弗雷格以此區別出概念和對象的關係，區別出概念的不同層次，而人們往往在這一點上存在著誤解。

從以上分析我們可以看出，弗雷格雖然從句子的意義出發對句子的眞假做出了說明，但是他關於句子的意義和意謂的理論仍是一種嚴格的邏輯的語義理論。它清楚地說明句子的部分與句子整體的關係，從而說明句子表達的思想與句子的眞值之間的關係。應該指出，由於從意義方面給出了對眞值的解釋，人們很容易產生兩種誤解。一種誤解是以爲，由於意義決定意謂，而意義與人們的理解有關係，因此這是從認識論的角度進行的說明。特別是由於許多人把弗雷格所說的意謂簡單地理解爲所指，理解爲客觀外界的對象，因此很容易誤以爲弗雷格關於意義和意謂的理論是關於認識論的理論。比如，克里認爲，「當弗雷格說意義決定所指時，他的意思是，誰知道某個句子表達什麼思想並且知道關於世界的事實，那麼就會知道這個句子是不是眞的」[11]。知道一個句子表達的是什麼，也知道與之相應的事實是什麼，當然可以知道這個句子是不是眞的。但是從我們的分析可以看出，弗雷格並沒有這樣的意思。他的意思只是表明，知道一個句子表達的是什麼與知道一個句子的眞假是不同的；他還表明，一個句子表達的

---

[11] Currie, p. 88.

東西與一個句子的眞假有什麼樣的關係，也就是說，一個句子表達的東西是如何決定句子的眞假；而且這種決定是客觀的，與我們的認識沒有關係。因此，弗雷格的說明是一種邏輯的說明。當然，從弗雷格的說明確實可以引伸出克里的觀點，但是這並不能說明弗雷格本人就有克里那樣的觀點，而只能說明弗雷格提供的這種邏輯分析對於認識論具有極其重要的意義。

另一種誤解是，由於意義決定意謂，因此應該承認，句子的眞假不是由句子的形式決定的，而是由句子的內容決定的。我們看到，弗雷格表達的並不是這樣的意思。從總體上說，弗雷格只是表明一個句子表達的東西與一個句子的眞假有什麼樣的關係。對於複合句，對於含有量詞的句子，考慮它們的眞假一般可以不考慮它們的意義。這樣的句子的眞假是由其邏輯常項決定的。具體地說，複合句的眞假是由句子聯結詞的性質決定的，帶有全稱量詞的句子的眞假是由句子中的假言結構和不確定的成分的性質決定的。但是在原子句，情況有些不同。決定原子句眞假的是句子中的專名：(1) 它意謂的那個對象是否存在；(2) 它意謂的那個對象有沒有謂詞表達的性質。因此若要知道原子句的眞假，必須知道句子中專名意謂的那個對象。這樣，在原子句中，決定句子眞假的就不是句子的形式，而是句子的內容。這裡實際上應該注意兩個問題：其一，不是所有句子的眞假都可以是由句子的形式決定的，而且也不是所有句子的眞假都是由句子的內容決定的。以上分析恰恰證明這一點；其二，弗雷格所說的意義決定意謂，主要並不是說內容決定眞假，而是圍繞句子的意義和意謂提供了一種邏輯語義理論。這個理論說明了句子的眞值條件，即使對於原子句，它主要也是說明，原子句的眞值是由原子句中專名的意謂決定的。

綜上所述，在弗雷格的語言哲學中，「意謂」是個核心概念，它佔據十分重要的地位。弗雷格分析的基本單位是語言中的句子。句子的意謂是眞值，即眞和假。因此也可以說，弗雷格的語言哲學是關於眞這一問題的。此外，「意義」也是一個重要概念。句子的意義是思想，它能夠決定眞值。在弗雷格的思想中，他對意謂十分重視，他對意義也是十分重視的。因此他不僅詳細探討並且深刻論述了意謂，而且關於意義的論述也很多。但是他關於意義的論述有一個十分顯著的特點，這就是他對意義的論述是爲了論述意謂服務的，因而總是與對意謂的論述聯繫在一起。除上述以外，這一點還可以從以下幾個方面得到證明:

1.對思想的說明

弗雷格認爲句子的意義是思想，而思想是我們藉以把握眞的東西。因此思想與眞有密切聯繫，與眞無關的不是思想。

2.對語言形式和內容的分析

首先，弗雷格認爲，不同語言的語言形式是不同的，但是可以表達相同的思想。這樣不同的語言可以相互翻譯，比如下面幾個句子:

句子(1)「下雨了」

句子(2)「Es regnet」

句子(3)「It is raining」

句子(1)是漢語，句子(2)是德語，句子(3)是英語，這三種語言形式是不同的，但是它們可以互相翻譯。在翻譯之後，原來的語言形式不見了，但是有些共同的東西保留下來，這就是思想。弗雷格認爲，「如果翻譯是正確的，思想必然保持不變。但是有時必須犧牲有關想像與情調的一些提示」❷。想像等東西屬於心理學範圍，與邏輯無關。

其次，弗雷格認爲，在同一種語言，語法形式可以不同，表達的思想卻可以是相同的。比如下面兩個句子：

句子(4)「希臘人戰勝波斯人」

句子(5)「波斯人被希臘人戰勝」

句子(4)是主動句，句子(5)是被動句。它們的語法形式不同，表達的內容是一樣的。弗雷格認爲，主動句與被動句的差別是語言形式方面的。說話人強調主語表達的東西是希望引起聽話人的注意，但是這是心理方面的東西。「要注意什麼，要強調什麼，儘管一般可能是十分重要的，但是與邏輯沒有任何關係」❸。

最後，在語言中，語詞的使用是有細微差別的，比如下面兩個句子：

句子(6)「這隻狗叫了一整夜」

句子(7)「這隻野狗叫了一整夜」

這兩個句子不完全相同。其差別在於句子(6)說的是「狗」，句子(7)說的是「野狗」。弗雷格認爲，這兩個句子表達的思想是一樣的。「野狗」有貶義，它暗示這隻狗有某種不好的性質，說出句子(7)表示了某種鄙視，「但是這種鄙視不屬於所表達的思想」❹，「區別屬於一個句子所表達的思想的東西和這種思想所附帶的東西，對於邏輯最爲重要」❺。

---

❷ 弗雷格，頁198。
❸ 弗雷格，頁197—198。
❹ 弗雷格，頁196。
❺ 弗雷格，頁198。

3.弗雷格還對思想和思維活動進行了區別

思想是思維活動的對象，判斷是對思想的眞的肯定。思想與眞有關，屬於邏輯的範圍，而思維活動屬於心理學的範圍。

從以上三個方面可以看出，無論是從對思想的說明，還是從對語言形式和內容的分析，還是從對思想和思維活動的區別，弗雷格的論述實際上都是爲透過複雜的語言現象，區別出什麼是意義，什麼是意謂，即什麼是思想，什麼是眞值；區別出什麼是邏輯研究的東西，什麼不是邏輯研究的東西。他認爲，「重要的僅僅在於：並非相應每個語言差異都有一種思想差異，並且我們有一種方法判定什麼屬於思想，什麼不屬於思想」❻。而弗雷格關於意謂即眞值的思想，恰恰是給人們提供一種方法，由此說明什麼屬於思想，什麼不屬於思想。思想與眞假有關。以眞假，或者說以眞爲標準，說明什麼是思想，什麼不是思想，思想和眞有什麼關係。這就是弗雷格關於意義的理論。

應該指出，在弗雷格的論述中，涉及到現代語言哲學的許多問題。比如關於指示代詞的問題，關於直接引語和間接引語的問題，關於語境的問題，關於隱含的問題，等等。但是弗雷格的系統思想的論述是圍繞「眞」這一概念展開的。「眞」是邏輯的核心概念，因此弗雷格的語言哲學是圍繞邏輯展開的，而且是嚴格的邏輯的意義理論。弗雷格的這個理論被現代語言哲學所接受是毫不困難的，因爲它提供了一套有效的分析方法和基本術語，並且探討了與眞相關的意義的基本問題。今天，由弗雷格的語言哲學引申出一系列討論，形成了豐富的語言哲學內容，比如，意義

---

❻ 弗雷格，頁197。

由句子表達，因而可以探討句子本身的意義；句子的意義涉及到對句子的理解，因而可以探討理解的問題；說出句子涉及到人，因而可以探討人使用語言的規則；句子有上下文，因而探討語境，等等。這種現象和結果是毫不奇怪的，也是十分自然的。邏輯是數學的基礎，也是哲學的基礎。弗雷格的語言哲學恰恰爲現代語言哲學提供了一個基礎。

二、本體論

對象是弗雷格的本體論用語，也是他的本體論討論的主要的東西。他常常探討概念和對象的區別和關係，他非常明確地提到對象；他常常探討數，眞假，思想，等等。此外，他的許多討論雖然沒有明確提到對象，但是隱含著對象。因此他實際上是從數、眞假，思想等幾個方面對本體論的對象和問題進行了論述。

弗雷格認爲不能把數看作主觀的東西，「正像數譬如說不是北海一樣，數也同樣不是心理學對象或心理過程的結果。我們想從地球上總水面中劃分出哪一部分並命名爲『北海』，依賴於我們的任意選擇，並不妨礙北海的客觀性。這絕不是要以心理學的方式研究這片海域的理由。同樣，數也是某種客觀的東西。如果人們說『北海有 10,000 平方里大』，那麼用『北海』和『10,000』都不是意謂自己內心的一種狀態或過程，而是斷定某種與我們的表象之類的東西無關的完全客觀的東西」❼。這顯然是一種比喻的說明。我們知道地球上有一個地方，有一片水域叫北海。如果

❼ Frege,〔e〕p. 39.

到了那裡，我們可以用手指著這片水域說:「這是北海」。我們還可以從海中舀起一瓢水說:「這是北海的水」。因此我們都會相信北海是客觀的東西，是存在的，絕不是我們想像的，不是我們心理過程的產物。弗雷格把數比作北海這樣客觀的東西，絕不意味著他認爲正像我們可以指著一片水域說「這是北海」那樣，我們也可以指著某個東西說:「這是一個數」。因爲弗雷格曾經明確說過，我們可以指著一個有色平面說這是什麼顏色，但是我們不能指著一個東西說這是數。但是弗雷格把數比作北海確實表明，他實際上認爲數是對象，是客觀的，是存在的。

意謂是弗雷格理論中的一個重要概念。一個專名有意謂，一個句子也有意謂。雖然弗雷格關於意謂的思想主要集中在句子，而句子的意謂與句子的內容有關，但是從他的論述我們可以清楚地看出，他所說的意謂所表示的也是對象。在論述專名的時候，弗雷格把月亮比作意謂❽，實際上是借助月亮這種對象的客觀性來說明意謂，特別是專名的意謂，說明專名的意謂是對象，是有客觀性的。這也說明，弗雷格所說的專名是比具體的人名、地名、事件名更寬泛的。但是專名的意謂無論如何都是客觀的，是對象。

句子的意謂是眞值。眞值有兩個，一個是眞，一個是假。弗雷格明確地稱它們爲對象，認爲它們「得到所有實際上進行判斷、認爲某物爲眞的人的承認（即使只是默認），因此也得到懷疑論者的承認」❾。

這裡弗雷格十分明確地說明，他把句子的眞值看作對象。因

❽ 弗雷格，頁94。
❾ 弗雷格，頁97。

此他說的意謂也是對象。在探討函數和概念的時候，弗雷格指出一切句子只有兩個眞值，即一個眞，一個假。他還考慮了一個函數的自變元是眞值的情況 ❿。自變元是個體對象，弗雷格把眞和假看作自變元，顯然是把它們也看作對象。

意義是弗雷格的另一個重要概念。句子的意義是思想。弗雷格區別出三種情況。其中第一種情況是：對思想的把握 —— 思維。「把握一個思想」顯然是一種形象的說明。但是這裡實際上說明，思想是一回事情，思維是另一回事情。可以被把握的東西肯定是具體的東西，比如一只鉛筆，一把錘子。我們握住一只鉛筆或一把錘子，這是因爲有鉛筆或錘子這樣的實物。握在手中的鉛筆或錘子本身是物，是對象，握住它們是我們的行爲。鉛筆或錘子這樣的對象本身和我們握住它們的行爲是不同的。弗雷格用「把握一個思想」這種形象的說明區別了思想和思維。他把思想看作像鉛筆一樣的具體的可以把握的東西，因而把思想看作對象，而將把握思想的行爲稱爲思維。這裡應該注意一點，之所以是形象的說明，是因爲思想並不是像鉛筆那樣的具體的客觀外界的東西，是無法用手把握的。但是這種比喻卻說明思想是對象，是客觀的。

綜上所述，不論是明確的說明，還是比喻的形象的說明，弗雷格把數、眞假、思想都看作是對象。這些對象有一個共同的基本特徵，就是它們不是具體的客觀世界中的對象，而是一些抽象實體。所謂抽象實體，是說它們在客觀世界中不能被看見，被聞著，被摸到，即我們無法用感官去感知。但是它們也不是內心世界的表象，而是一類特殊的東西。弗雷格把這些東西看作是屬於

---

❿ 弗雷格，頁66。

同一種範圍。他認爲，有些東西既不是客觀外界的事物，也不是內心世界的表象，而是屬於第三範圍。屬於第三種範圍的抽象實體與客觀外界的事物有相似的地方，即它們是獨立存在的，不需要認識到它們的人作承載者；但是也有不同的地方，即它們不能被觸摸、被品嘗、被聞到，等等，即不能被感官感覺到。屬於第三種範圍的抽象實體與內心世界的表象也有相似的地方，即它們都不能被感官感覺；但是也有不同的地方，即這些抽象實體不需要承載者，而表象需要承載者。實際上，弗雷格淸楚地說明，屬於第三種範圍的抽象實體是非時間的，也是非空間的。它們是非時空存在的，是具有客觀性的東西。

非時空的實體是不是存在的？非時空的實體是不是對象？非時空的實體與人的實踐活動有什麼樣的關係？這些問題自古以來一直是哲學家們爭論的重要問題，而且圍繞這些問題存在著極爲不同的觀點。唯名論者一般認爲非時空的實體是不存在的，他們一般拒絕討論可理解的抽象實體。唯實論者討論普遍的東西，討論特殊實體。柏拉圖主義者把一些實體看作是非時空的東西，認爲它們是存在的，但是他們一般不討論這些實體本身的狀態，不討論它們的存在是不是依賴於人們的實踐活動。現代一些哲學家，比如科學哲學中的工具主義者認爲，發達科學的理論陳述嚴格地說在任何實體意義上都不是眞的，其構成部分的理論詞，比如夸克、玻色子等等，不應該看作是有所指的；又比如，分析哲學家承認一些非時空實體的存在，但是他們把這些實體看作是依賴於人類的實踐活動，比如依賴於人類的語言實踐。在關於實體的所有論述中，弗雷格的本體論與柏拉圖主義有相似之處，因此也被一些人稱爲柏拉圖主義。不過這種說法僅限於在關於數的討論之中。實際上，弗雷格的本體論與柏拉圖主義有一個很大區別，就是他詳細討論了這些抽象實體的客觀性，討論了它們是不是依賴於人的實踐活動。而在承認非時空實體存在這一點上，弗雷格與分析哲學家雖有相似之處，但是也有一個重大區別，這就是他認爲這些抽象實體的存在是客觀的，不依賴於人的實踐活動。因此，客觀性是弗雷格本體論對象的一個基本的，也是十分重要的特徵。

人們習慣於認爲，客觀世界中存在的具體的個體的事物是客觀的。但是弗雷格不這樣看。他區別現實的（wirklich）和客觀的（objektiv）東西。他認爲外界的東西是現實的，也是客觀的，但是客觀的東西並不都是現實的。他指出，「不依賴於我們心理活動的東西，即客觀的東西完全不必是空間的、物質的、現實的」⓫。「客觀的東西是合乎規律的東西，概念的東西，可判斷的東西，能夠用詞語表達的東西」⓬。這就說明，弗雷格對客觀性的認識與傳統的認識是很不相同的。他對客觀性確實有獨特的理解。他明確地指出，「我把客觀性理解爲一種不依賴於我們的感覺、直覺和表象、不依賴於從對先前感覺的記憶勾劃內心圖像的性質，而不是理解爲一種不依賴於理性的性質」⓭。客觀性是一種性質，如果問客觀性的最顯著或最根本的特點是什麼，那麼一定是獨立性，也就是說，它是相對於主觀性而言的，是不依賴於主觀的。因此如果說一事物是客觀的，那麼這個事物首先是不依賴於人的認識的。我們看到，弗雷格關於他的抽象實體的客

⓫ 弗雷格，頁193。
⓬ Frege，〔e〕p. 40.
⓭ Frege，〔e〕p. 41.

觀性的說明，恰恰集中體現在是不是依賴於人的認識這一點上，而且他的結論是否定的。弗雷格的論證可以歸結爲兩句話：這些抽象實體是客觀的，不依賴於我們的認識；我們只是發現了它們，而不是創造出它們。前一句話從上面的論述可以看得十分清楚，下面我們再來看看他關於第二句話的論證。

如上所述，弗雷格把數比作北海，由此來說明數的客觀性。他還借用黃海作比喻，說明數不是創造出來的⓮。黃海是一片水域，在地球的某一個地方，人們把這個地方的這片水域命名爲黃海。無論是生活在它附近的人給它起了這個名字，還是地理學家發現了它並給它起了這個名字，首先有一個條件，就是地球上這個地方的這片水域是存在的。也就是說，黃海的存在不是因爲地理學家劃分水域和命名，或生活在它附近的人給它命名而創造出來的，而是它本身就是存在的。借用這個例子，同樣可以說明，數學家研究的對象——數，1,2,3,……——也不會因爲數學家的活動而創造出來，它們本身就是存在的，是客觀的。數學家僅僅通過自己的活動發現了它們。弗雷格的這種思想是很有道理的。阿拉伯人命名的1,2,3,……的東西，羅馬人命名爲Ⅰ，Ⅱ，Ⅲ,……的東西，中國人命名爲一，二，三，……的東西，實際上是一樣的東西。這些東西不是由於我們的命名而存在，而是由於它們存在，我們才能爲它們命名。在探討數的客觀性時，弗雷格還有一段說明。他說，像赤道這樣的東西，「它不是通過思維而形成，即不是一種心靈過程的結果，而僅僅是通過思維被認識到，被把握的」⓯。因此，數這種客觀的東西，數學定理所表達

⓮ Frege,〔d〕p. XIII.
⓯ Frege,〔e〕p. 40.

的思想，不是思維活動的產物，而是通過思維被發現的。

弗雷格區別出思想和思維，認爲思想是對象，是客觀的，而不是思維行爲。他說:「人們不是說同一個思想被此人和彼人所掌握，某人反覆考慮同一個思想嗎？如果思想只有通過思考或在思考中才成立，那麼同一個思想就會能夠形成、消失並且再形成，而這是荒謬的。正像我不是通過看見一棵樹而把它創造出來，不是通過握住一枝鉛筆而使它形成一樣，我也不是通過思考一個思想而將它產生出來，而且大腦更不分泌思想，就像肝不分泌膽汁一樣」⑯。把握是一個比喻，「這種比喻基本上正確描述了這個問題。被把握的、被抓住的東西已在那裡，而人們獲得的只是自己的東西。我們洞察的東西或我們從一些事物看出來的東西同樣已在那裡，而不是由於我們看的活動才形成的。當然，所有比喻都有某些不恰當的地方。我們常常把不依賴於我們心理活動的東西看作某種有空間的東西，物質的東西，而剛才列舉的那些詞使人感到思想實際上就是這樣。但是這裡看不出可比較的地方。不依賴於我們心理活動的東西，即客觀的東西完全不必是空間的、物質的、現實的」⑰。

可以說，弗雷格的思想是再明確不過了。無論我們看見還是看不見天安門，它都在那裡。我們看見天安門，是因爲它在那裡。它的存在並不是因爲我們看見它。它也不會由於我們看不見它而不存在。我握住一枝鉛筆，是因爲有一隻鉛筆。它的存在不是由於我握住了它。恰恰由於它存在，我才能握住它。同樣，我們把握一個思想，是因爲思想是存在的，是客觀的，思想的存在不是

---

⑯ 弗雷格，頁192。
⑰ 弗雷格，頁192—193。

由我們的思維活動創造出來的。我們的思維活動不是創造出思想，而是把握它。思想是對象，但是思想是與客觀世界的事物不同的東西。因此把握一個思想不是像握住一枝鉛筆那樣，而是認識和理解它。如果思想不存在，就無法去認識和理解它。

與思想密切相聯繫的東西是眞。弗雷格在談論思想時常常談到眞。他認為，「思想——譬如自然規律——不僅不需要我們的承認就是眞的，甚至不用我們考慮就是眞的。一條自然規律不是由我們創造的，而是由我們發現的。正像北冰洋中的一座荒島早在人們看到它之前就在那裡一樣，自然規律和數學定律同樣一直是有效的，而不是在發現它們之後才是有效的。由此我們得出，思想如果是眞的，則不僅不依賴於我們的承認就是眞的，而且『根本不依賴於』我們的思考」⑱。

思想是在我們認識之前就已經存在的，思想的眞也不會因爲我們的思考而存在，而是本身就存在的。這裡涉及到本體論和認識論的關係問題。一方面，眞本身存在，眞是客觀的。另一方面，我們認識到眞。聯想到弗雷格關於實眞和把某物看作眞的區別，我們就不難看出，在弗雷格的思想中，眞是一種存在，是客觀的。而且，眞也不是因爲我們認識到它而存在。實際上，我們認識到眞，恰恰是因爲眞本身存在。我們只是發現了它，而不是創造了它。由於眞存在，我們有可能認識到它，也有可能認識不到它，在眞假問題就會產生矛盾。這裡還應該提到弗雷格的一個觀點，即眞就在斷定句的形式中，說出一個斷定句就連帶地表達了眞，儘管沒有明確說出「眞」這個詞來。不論我們認識到還是沒

---

⑱ 弗雷格，頁188。

有認識到眞,「在直陳句中得以承認的眞卻是永恒的」⑲。因此眞也是沒有時空性的抽象實體。它是客觀的。我們不是創造出眞,而只是發現了眞。弗雷格甚至明確地說:「科學工作不是要創造出一個眞的思想,而是要發現一個眞的思想」⑳。

弗雷格之所以強調數、眞和假、思想這樣的抽象實體的客觀性,強調它們的不依賴於人的內心世界而存在,強調我們不是創造出這些東西,而只是發現它們,有一條非常根本的原因,這就是他認爲這些東西若不是客觀的,關於它們就不會形成人類共同的精神財富,就不會有人類共同的科學文化。

比如像數這種東西絕不會是表象。如果二是一個表象,那麼就會是你有一個關於二的表象,我有一個關於二的表象,他有一個關於二的表象,這樣也許會有幾百萬個二,而且隨著新人的成長,總會形成新的二,我們也無法保證多少年之後它不會發生變化。如果是這樣,我們就會沒有共同的數,數學研究就會沒有共同的對象,因而也無法形成共同的數學這門科學。而實際上,數是客觀的。漢語中的「二」,阿拉伯文的「2」,英文的「two」,德文的「zwei」,法文的「deux」,羅馬文的「II」,等等,表達的都是同一個客觀的對象。正由於數的客觀性,才爲人類的研究提供了基礎和保障,才使我們建立了數學這門關於數的科學。

思想在弗雷格看來也是客觀的。如果思想不是客觀的,那麼就會你有你的思想,我有我的思想,這樣就會沒有多數人共同具有的,能夠由多數人進行研究的東西,因而無法形成科學。這裡應該再次明確一點,弗雷格所說的思想不是我們通常所說的思想,

⑲　弗雷格,頁136。
⑳　弗雷格,頁134。

而是句子的意義。思想是客觀的，實際上是說句子的意義是客觀的。正由於這種客觀性，思想才成爲多數人共同理解和把握的東西，才成爲多數人可以共同研究探討的東西，從而使人類可以建立和形成共同的思想財富。

同樣，眞也是客觀的，因此才能被大多數人所把握。正由於大多數人可以共同把握眞，才能形成關於眞的科學。正由於眞是客觀的，才能討論眞假。如果你有你的眞，我有我的眞，那麼我們就沒有共同的對象，就沒有共同的標準，從而無法探討眞。而實際上，「眞」恰恰是與邏輯相關的一個極其重要的對象。

三、現代邏輯和語言分析

在弗雷格論述他的這些抽象實體的過程中，有一個十分顯著的特點，也可以說是弗雷格使用的一個主要方法，這就是進行語言分析。弗雷格向我們表明了如何從語言到本體這樣一種途徑。他的方法是十分出色的。

如前所述，在論述數的過程中，弗雷格始終堅持了語言分析的方法：(1) 他確定了三條方法論原則，其中的語境原則本身就已經明確規定進行語言分析，因爲必須在句子聯繫中考慮語詞的意謂；(2)他認爲數詞可以加定冠詞，比如說「1這個數」、「2這個數」，等等。定冠詞是專名的標誌，專名是表示的對象的語言標誌，因此數是一個個具體的對象；(3) 弗雷格還分析了數詞在語言中，主要是在句子中的形式。在句子中，數詞的一種形式是作名詞出現，比如算術中的公式和陳述，「2+3=5」，「2是素數」，等等，在這樣的句子中，數詞表現爲專名，它們表達的是確定的對象。在句子中，數詞的另一種形式是作形容詞出現，比如「皇帝的御車有4匹馬拉」。在這個句子中，數詞是作形容詞。但是弗雷格指出，這只是表面現象，實際上，數的給出包含著對概念的斷定，這裡，「4」實際上是斷定「拉皇帝御車的馬」這個概念的。通過轉換，可以把作形容詞出現的4變為名詞，即出現的數詞都可以轉換成名詞，因而成為專名。由此說明，數詞在語言中要麼是作為專名出現，因而表達確定的對象。要麼是作為形容詞出現，由於可以轉換為名詞，因而也表達確定的對象。因此數是對象，是一種抽象實體。

在對「眞」的探討中，弗雷格也始終堅持從語言分析出發。他探討了「眞」在句子中作形容詞的形式，也探討了「眞」在句子中作謂詞的形式，最後指出「眞」是一個基始的不能化歸的概念。「眞」存在於斷定句的形式中，說「2+2=4」與說「2+2=4 是眞的」實際上是一樣的，因此可以不說出「眞」。每當我們表達一個斷定句，「眞」就被連帶地表達出來。

在對思想和眞值的論述中，弗雷格仍然是從語言分析出發。他提出的著名論題「句子的意義是思想，句子的意謂是眞值」就是建立在對句子的分析基礎上的。他指出，要排除願望句，祈使句，命令句，等等，只研究斷定句。他認為句子有兩個層次，一個是思想，一個是眞值。在科學研究中，我們總是不滿足於思想，而是從思想進到眞值。他以邏輯為基礎研究了句子的語法形式，從而揭示了句子的邏輯結構並給出一個基本的語義說明。他提供的基本模式實際上是一種函數結構。他的分析和說明向我們展示了什麼是思想，什麼是眞假，以及如何研究眞假，如何看待思想和眞假之間的關係。正是通過弗雷格這樣的語言分析，我們十分清晰地把握了邏輯研究的對象，並且掌握了一套研究方法。但是應該看到，由於是從語言出發來分析和探討對象，因此弗雷格所探討的對象除了非時空性以外，還有以下一些與語言相關的特點:

1.弗雷格探討的對象是獨立的和滿足的

在弗雷格的語言分析中，特別應該提到的是他關於對象和概念的分析。前面我們說過，他借用數學中的函數概念，並且做了擴展。函數是不滿足的，自變元是滿足的，用自變元補充函數就成為滿足的或完整的。用這一思想去分析句子，得到的句子的基本結構是謂詞和專名。謂詞是不滿足的，需要補充的，專名是滿足的，可以補充謂詞，從而形成一個滿足的整體。滿足的東西是對象，不滿足的東西不是對象。這實際上是弗雷格的本體論對象的一個重要標誌。數是滿足的，眞値是滿足的，思想是滿足的。數、眞値和思想恰恰都不是函數。謂詞是不滿足的，謂詞的意謂是概念，因此概念是不滿足的。當然在弗雷格的論述中，概念也常常有是對象的意思，但是我們不應該忘記，他所說的概念一般是「其値總是一個眞値的函數」。這實際上是從句子分析考慮的。也就是說，對一個概念要補充一個對象，而不能考慮一個空概念。而以一個對象補充一個概念，得到的就是一個句子的思想。思想恰恰是對象。弗雷格甚至認為，對象是一切不是函數的東西。由此可見，滿足性是弗雷格要求的對象必須具備的基本特徵。

2.表達對象的句法範疇是專名和句子

由於是從語言出發達到對象，因此必須明確什麼是表達對象的句法範疇。具體地說，對象是滿足的，因此必須明確什麼是表達滿足的東西的句法範疇。根據弗雷格的思想，這樣的句法範疇有兩個，一個是專名，一個是句子。人名、地名、帶定冠詞的詞組都是專名。我們可以簡單地說，專名表示對象。但是應該注意，這裡的對象不是僅僅指客觀外界的具體事物，而是指「一切不是函數的東西」，是指專名的意謂。它可能是抽象實體，也可能是具體事物。而且更重要的是它是爲句子的意謂服務的，因爲專名的意謂決定句子的意謂。從句子的角度看，句子的意義是思想，思想是對象。句子的意謂是眞值，即眞和假，而眞和假也是對象。這就說明，我們從句子分析既可以達到思想，也可以達到眞值。弗雷格不僅說明了它們是對象，而且提供了一套獲得它們的方法。另一方面，弗雷格把句子看作一類專名。由於專名的意謂是對象，因此我們也可以簡單地說，句子的意謂是對象。只是我們應該看到這裡的差異。

3.句法範疇是基本的，本體論範疇是導出的

從語言出發來達到對象，確定句法範疇以明確所表達的對象，實際上說明，語言中的句法範疇決定了它們所表達的對象。因此，對象的確定依賴於句法範疇。比如，數依賴於數詞，個體依賴於專名，思想依賴於句子，眞假依賴於句子，概念依賴於謂詞。正是通過對專名和句子，以及謂詞這種句法範疇及其結構的具體分析，才達到對象、思想、眞值這樣的本體論範疇。正因爲這樣，弗雷格才十分自信地論證表達式的句法範疇決定了數是一類對象，專名這種句法範疇決定了它表達的是個體對象；句子這種句法範疇決定了它表達的是思想和眞值這樣的對象。

4.必須區別思想和思維

從句法範疇的分析達到本體論方面的認識，實際上說明了語言之中和語言之外兩方面的東西。語言之內的是思想，語言之外的是思維。我們分析句子，從而達到本體論的對象，這是思想活動，是思維，而我們分析探討的句子表達的東西本身，包括相應於句法範疇的思想和眞值，卻是客觀的，而不是我們的思想活動，不是思維。如果不是這樣，我們就無法進行分析和探討。如果一個句子的思想是眞的，那麼它就一定是眞的，如果一個句子的思想是假的，那麼就一定是假的。它不會由於我們認爲它是眞的而是眞的，也不會由於我們認爲它是假的而是假的。它不會由於多數人認爲它是眞的而是眞的，也不會由於少數人認爲它是假的而是假的。它的眞和假不會由於我們過去、現在或將來的認識而改變。它也不會由於翻譯成不同的語言被不同國家或民族的人來理解而改變。這是因爲，句子表達的思想，以及思想的眞假是客觀的，這是一回事情。而我們對它們的理解卻是思維活動，是另一回事情。對於同一個句子表達的思想，你可能認爲它是眞的，我可能認爲它是假的。但是這並不是句子表達的思想本身的問題，而是我們的理解和認識的問題。

從語言到本體是一種途徑，從語言分析達到本體論對象的認識是一種方法，這種途徑和方法與過去探討本體論問題的途徑和方法是根本不同的。它揭示了語言在人們的認識中所起的重要作用，說明了語言分析的重要作用，也反映了人類思維活動，特別是哲學研究的重大進步。人類在社會活動中有了語言，人們用語言進行表達和交際。隨著社會的發展，人們用語言表達對客觀世界的認識，也表達對自身的認識。在人們的表達中，既有本體論方面的說明和認識，也有認識論方面的說明和思考。而且人們總是希望人類的這種認識活動可以不斷深化，不斷發展。但是從語言分析出發來達到對本體論對象的說明，確實是人類思維活動的進步，並且是十分重大的顯著的進步。而且這種進步符合人類理性活動發展的規律。過去在古希臘，人們探討世界的本源，探討哲學的基本問題，後來，特別是自笛卡爾以後，人們有意識地探討人類對世界的認識。今天，人們則深入地探討人類關於自己對客觀世界的認識的表達。這種發展反映了人類認識的深化，哲學的進步。而在對語言的分析方面，弗雷格無疑做出了巨大的開創性的貢獻。

從語言到本體也反映了哲學的本質，即哲學研究不是純粹地爲了語言分析而分析語言，而是爲了探討基本的或根本的哲學問題才分析語言。正是由於語言的分析，使我們更深刻地揭示本體論，認識論等方面的哲學問題。弗雷格的討論不是針對客觀外界的事物，也不是針對內心世界的表象，而是針對像數、眞假、思想這樣的旣不屬於客觀外界又不屬於內心世界而是屬於第三範圍的抽象實體。這些討論極大地開拓了我們的視野，豐富了我們思想認識。特別是它淸楚地告訴我們，我們從語言形式上可以認出這些東西，我們通過語言分析可以得到這些東西。它們是客觀的，不依賴於我們而存在，卻是我們大家都可以把握的。

特別應該指出的是，從語言到本體，這一途徑的核心是一種邏輯方法。它說明，邏輯是基礎，是哲學的工具。正是由於應用了邏輯方法，弗雷格才剖析了複雜的語言現象，透過句子的語法形式揭示了句子的邏輯形式，從而通過句子分析達到對本體的認識。對句子的分析可以說是圍繞著「眞」來展開的，而「眞」又是邏輯研究的對象，是一種存在。弗雷格對它的分析是深入細致而有說服力的。從弗雷格的論述中，我們可以看到邏輯方法的具體應用，比如在數的探討中，關於相等的分析，在概念和對象的探討中，關於連詞「是」的分析，關於「量詞」的分析，等等，從中我們可以體會到如何對語言進行分析，如何達到眞。

當然，弗雷格這種從語言到本體的方法不是唯一的，而且他在探討中也不是毫無問題的。但是應該看到，這是一種有效的方法，這種方法對於許多問題的分析，特別是對「眞」這樣一個至關重要的概念的分析，對於我們把握眞，達到眞是十分有益的。

特別應該指出，概念文字是弗雷格整個思想及其成就的基礎。我們說過，概念文字是達到眞的方法；是弗雷格的意義理論的基礎；也是從語言到本體的核心方法。因此，如果說弗雷格的思想對當代產生了巨大影響，那麼概念文字就起了根本的至關重要的作用。簡單地說，概念文字就是現代邏輯。它是一種形式語言並且是以形式語言建立的邏輯演算系統。它是一種科學的、具有普遍性的工具。確實，這種工具不是唯一的。但是，這種工具是十分重要的，也是十分有效的。弗雷格的成就清清楚楚地說明這一點。現代邏輯和現代哲學的許多研究成果也說明這一點。正是由於這一點，儘管弗雷格在世時默默無聞，但是在今天卻得到人們的普遍承認和尊敬。也正是由於這一點，人們不僅說弗雷格是現代邏輯的創始人，而且也說他是分析哲學和語言哲學的創始人。弗雷格的研究固然涉及了語言哲學的一些基本問題，但是他最主要的成就在於第一次成功地構造了形式化的邏輯演算系統，並把這種邏輯思想和方法應用到對語言的分析，得出一系列重要的結論。我們看到，弗雷格是一位邏輯學家。他主要是進行邏輯研究和數學研究。有些哲學問題是他討論過的，有些哲學問題是他僅僅提到而沒有展開討論的，有些哲學問題僅僅是他論述中隱含的。他討論過的問題清晰明瞭，給人們提供了深入研究的基礎。他僅僅提到的問題給人們的研究以很大的啓示。即使他論述中隱含的問題也可以使人們自然地引申出許多意義深長的討論。這一切恰恰說明，邏輯是基礎，是具有普遍性的。一旦有了邏輯，就可以在邏輯的基礎上，做出擴展和推廣，而不必局限在邏輯的範圍之內。邏輯的方法是具有普遍性的方法，邏輯的成果可以爲其他學科應用，邏輯哲學的主要問題也是哲學研究的主要問題。正因爲弗雷格是一位邏輯大師，正因爲他具有邏輯眼光和邏輯方法，因此他能夠洞察哲學研究中的一些極其重要的問題，得出一系列極其重要的結論。比如他關於數學對象的討論，他關於「眞」這一概念的討論，他對於對象和概念的區別和討論，他關於意義和意謂的區別和討論，他關於思想和思想的普遍性的討論，等等。所有這些研究基本上都是從邏輯出發，運用邏輯方法來進行的。但是這樣的研究所得的結果及其深遠意義，卻絕不限於邏輯領域。弗雷格以他畢生的工作和傑出的思想成就給人們揭示了一個鮮明的事實：現代邏輯是極其重要的。

年　表

1848年　11月 8 日出生於德國維斯瑪。

1866年　父親去世。

1869年　高中畢業，進入耶拿大學。

1873年　獲得博士學位，博士論文是〈論在幾何平面上對想象圖象的幾何表述〉。

1874年　獲得耶拿大學數學系的授課資格。

1879年　發表《概念文字》，被耶拿大學任命爲副教授。

1884年　發表《算術基礎》。

1891年　發表〈函數和概念〉。

1892年　發表〈論概念和對象〉，〈論意義和意謂〉。

1893年　發表《算術的基本規律》第一卷。

1896年　被耶拿大學任命爲名譽教授。

1900年　收養了阿爾弗雷德・弗雷格。

1903年　發表《算術的基本規律》第二卷，並收到羅素的信，得知自己建立的算術系統出現悖論。

1905年　妻子去世。

1910年　卡爾納普聽弗雷格講《概念文字》。

1911年　維特根斯坦訪問了弗雷格，開始了與他的交往。

1913年 卡爾納普繼續聽弗雷格講《概念文字》。

1918年 從耶拿大學退休。

1918—1919年 發表〈思想〉、〈否定〉。

1923年 發表〈思想結構〉。

1925年 於巴特·克萊嫩逝世。

主要參考文獻

〔1〕 Austin. J. L. (tr.): *The Foundation of Arithmetic,* Oxford, 1952.

〔2〕 Baker, G. P./ Hacker, P. M. S. : *Frege: Logical Excavation,* Oxford University Press, 1984.

〔3〕 Bell, David: *Frege's Theory of Judgement,* Oxford, 1979.

〔4〕 Bochenski, I. M. : *A History of Formal Logic,* trans. by I. Thomas, Notre Dame, Indiana: University of Notre Dame Press, 1962.

〔5〕 Brandom, Robert B.: *Frege's Technical Concept: Some Recent Developments in Frege,* Synthesized (ed.) Haapranta, L. And Hintikka, L. pp.253-295, D. Reidel Publishing Company, 1986.

〔6〕 Bynum, T. W. : *G. Frege, Conceptual Notation and Related Articles,* 1980.

〔7〕 Currie, G. : *Frege, An Introduction to his Philosophy,* The Harvest Press, Sussex, 1982.

〔8〕 Dummett, M. 〔a〕 *Frege, Philosophy of Language,*

2nd. Edition, London, 1981.
〔9〕 Dumment, M. 〔b〕 *The Interpretation of Frege's Philosophy,* Harvard University Press. Cambridge. Massachusetts, 1981.
〔10〕 Dummett, M. 〔c〕 *Frege and other Philosophers,* Oxford 1991.
〔11〕 Dummett, M. 〔d〕 *Frege, Philosophy of Mathematics,* London 1991.
〔12〕 Dummett, M. 〔e〕 *Truth and other Enigmas,* London 1992.
〔13〕 Evans, G. : *The Varieties of Reference,* ed. by J. Mcdowell, Oxford University Press, 1982.
〔14〕 Frege, G. 〔a〕 *Begriffsschrift und andere Aufsaetze,* ed. I. Angelelli 2nd, Hildesheim 1964.
〔15〕 Frege, G. 〔b〕 *Nachgelassene Schriften,* hg. von H. Hermes, F. Kambartel, F. Kaulbach, Hamburg 1969.
〔16〕 Frege, G. 〔c〕 *Wissenschaftlicher Briefwechsel,* Hamburg 1976.
〔17〕 Frege, G. 〔d〕 *Die Grundgesetze der Arithmetik,* Jena 1893.
〔18〕 Frege, G. 〔e〕 *Die Grundlagen der Arithmetik,* Hamburg 1986.
〔19〕 Gabriel, G. : *Bedeutung, Value and Truthvalue, in the Philosophical Quarterly, Vol. 34 No. 136,*

July, 1986.
〔20〕 Geach, P. and Black, M. : *Translations From the Philosophy Writings of Gottlob Frege,* New York, 1952.
〔21〕 Geach, P. and Anscombe, G. E. M. : *Three Philosophers,* Cornell University Press, New York 1976.
〔22〕 Grayling, A. C. : *An Introduction to Philosophical Logic,* Harvard University Press, 1982.
〔23〕 Heijenoort, J. van: *From Frege to Goedel,* Harvard University Press 1967.
〔24〕 Kluge, E. H. W. : *Some Reflections on* 〈*Frege: Philosophy of Language*〉*,* Dialogue Vol. XVI. No. 32, 1987.
〔25〕 Kneale, W. and Kneale, M. : *The Development of Logic,* Oxford 1965.
〔26〕 Kripke, S. : *Naming and Necessity,* Oxford 1979.
〔27〕 Kutschera, F. von: *Gottlob Frege,* Walter. de Gruyter. Berlin. New York, 1989.
〔28〕 Long, P. and White, R. G.: *Frege: Posthumous Writings,* Oxford 1979.
〔29〕 Mohanty, J. N,: *Husserl and Frege.* Indiana University Press, Bloomington 1982.
〔30〕 Patzig, G. 〔a〕*Gottlob Frege, Logische Untersuchungen,* Kleine Vandenhoeckeihe 1976.
〔31〕 Patzig, G. 〔b〕 *Gottlob Frege, Funktion, Begriff,*

Bedeutung, Kleine Vandenhoeck-Reihe 1980.

〔32〕 Patzig, G. 〔c〕 *Die Aristotelische Syllogistik,* Goettingin, 1963.

〔33〕 Resnik, Michael D. 〔a〕 *The Context Principle in Frege's Philosophy,* in Philosophy and Phenomenological Research XXVII, 1967.

〔34〕 Resnik, Michael D. 〔b〕 *Frege's Context Principle,* Revisited in Studien zu Frege, ed, Schirn, M. III pp. 35-49.

〔35〕 Searle, J. R. : *The Philosophy of Language,* Oxford University Press, 1971.

〔36〕 Sluga, H.: *Gottlob Frege,* London 1980.

〔37〕 Strawson, P. F.: *Philosophical Logic,* Oxford University Press, 1976.

〔38〕 Tugendhat, E. : *Philosophische Aufsaetze,* Suhrkamp Taschennbuch Wisseaschaft, 1992.

〔39〕 Wittgenstein, L.: *Tractatus Logico-philosophicus Philosophische Untersuchungen,* Suhrkamp Taschenbuch Wissenschaft, 1981.

〔40〕 Wright, C.: *Frege's Conception Of Numbers As Objects,* Aberdeen University Press, 1982,

〔41〕 Yourgrau, P. *Frege on Truth and Reference,* Notre Dame Journal of Formal Logic, Vol. 28, 1989, No.1.

〔42〕 弗雷格著，王路譯，王炳文校，《弗雷格哲學論著選輯》，

商務印書館，1994年。
〔43〕 王路，《亞里士多德的邏輯學說》，中國社會科學出版社，1991年。

人名索引

名詞索引

世界哲學家叢書(十)

書名	作者	出版狀況
德日進	陳澤民	撰稿中
朋諤斐爾	卓新平	撰稿中

世界哲學家叢書(九)

書名	作者	出版狀況
馮・賴特	陳波	撰稿中
赫爾特	馮耀明	撰稿中
帕爾費特	戴華	撰稿中
梭羅	張祥龍	撰稿中
愛默生	陳波	撰稿中
魯一士	黃秀璣	已出版
珀爾斯	朱建民	撰稿中
詹姆斯	朱建民	撰稿中
杜威	葉新雲	撰稿中
蒯因	陳波	已出版
帕特南	張尚水	撰稿中
庫恩	吳以義	排印中
費耶若本	苑舉正	撰稿中
拉卡托斯	胡新和	撰稿中
洛爾斯	石元康	已出版
諾錫克	石元康	撰稿中
海耶克	陳奎德	撰稿中
羅蒂	范進	撰稿中
喬姆斯基	韓林合	排印中
馬克弗森	許國賢	已出版
希克	劉若韶	撰稿中
尼布爾	卓新平	已出版
默燈	李紹崑	撰稿中
馬丁・布伯	張賢勇	撰稿中
蒂里希	何光滬	撰稿中

世界哲學家叢書(八)

書名	作者	出版狀況
馬賽爾	陸達誠	已出版
梅露・彭廸	岑溢成	撰稿中
阿爾都塞	徐崇溫	撰稿中
葛蘭西	李超杰	撰稿中
列維納斯	葉秀山	撰稿中
德希達	張正平	撰稿中
呂格爾	沈清松	撰稿中
富科	于奇智	撰稿中
克羅齊	劉綱紀	撰稿中
布拉德雷	張家龍	撰稿中
懷特海	陳奎德	已出版
愛因斯坦	李醒民	撰稿中
玻爾	戈革	已出版
卡納普	林正弘	撰稿中
卡爾・巴柏	莊文瑞	撰稿中
坎培爾	冀建中	撰稿中
羅素	陳奇偉	撰稿中
穆爾	楊樹同	撰稿中
弗雷格	王路	已出版
石里克	韓林合	已出版
維根斯坦	范光棣	已出版
艾耶爾	張家龍	已出版
賴爾	劉建榮	撰稿中
奧斯丁	劉福增	已出版
史陶生	謝仲明	撰稿中

世界哲學家叢書(七)

書名	作者	出版狀況
普列哈諾夫	武雅琴	撰稿中
約翰彌爾	張明貴	已出版
狄爾泰	張旺山	已出版
弗洛伊德	陳小文	已出版
阿德勒	韓水法	撰稿中
史賓格勒	商戈令	已出版
布倫坦諾	李河	撰稿中
韋伯	陳忠信	撰稿中
卡西勒	江日新	撰稿中
沙特	杜小真	撰稿中
雅斯培	黃藿	已出版
胡塞爾	蔡美麗	已出版
馬克斯・謝勒	江日新	已出版
海德格	項退結	已出版
漢娜鄂蘭	蔡英文	撰稿中
盧卡契	謝勝義	撰稿中
阿多爾諾	章國鋒	撰稿中
馬爾庫斯	鄭湧	撰稿中
弗洛姆	姚介厚	撰稿中
哈伯馬斯	李英明	已出版
榮格	劉耀中	已出版
柏格森	尚新建	撰稿中
皮亞傑	杜麗燕	已出版
別爾嘉耶夫	雷永生	撰稿中
索洛維約夫	徐鳳林	已出版

世界哲學家叢書(六)

書名	作者	出版狀況
洛克	謝啟武	撰稿中
巴克萊	蔡信安	已出版
休謨	李瑞全	已出版
托馬斯·銳德	倪培林	撰稿中
梅里葉	李鳳鳴	撰稿中
狄德羅	李鳳鳴	撰稿中
伏爾泰	李鳳鳴	已出版
孟德斯鳩	侯鴻勳	已出版
盧梭	江金太	撰稿中
帕斯卡	吳國盛	撰稿中
達爾文	王道遠	撰稿中
施萊爾馬赫	鄧安慶	撰稿中
康德	關子尹	撰稿中
費希特	洪漢鼎	排印中
謝林	鄧安慶	已出版
黑格爾	徐文瑞	撰稿中
叔本華	鄧安慶	撰稿中
祁克果	陳俊輝	已出版
尼采	商戈令	撰稿中
彭加勒	李醒民	已出版
馬赫	李醒民	已出版
迪昂	李醒民	撰稿中
費爾巴哈	周文彬	撰稿中
恩格斯	李步樓	撰稿中
馬克斯	洪鎌德	撰稿中

世界哲學家叢書(五)

書名	作者	出版狀況
楠本端山	岡田武彥	已出版
吉田松陰	山口宗之	已出版
福澤諭吉	卞崇道	撰稿中
岡倉天心	魏常海	撰稿中
中江兆民	畢小輝	撰稿中
西田幾多郎	廖仁義	撰稿中
和辻哲郎	王中田	撰稿中
三木清	卞崇道	撰稿中
柳田謙十郎	趙乃章	撰稿中
柏拉圖	傅佩榮	撰稿中
亞里斯多德	曾仰如	已出版
伊壁鳩魯	楊適	撰稿中
愛比克泰德	楊適	撰稿中
柏羅丁	趙敦華	撰稿中
聖奧古斯丁	黃維潤	撰稿中
安瑟倫	趙敦華	撰稿中
安薩里	華濤	撰稿中
伊本·赫勒敦	馬小鶴	已出版
聖多瑪斯	黃美貞	撰稿中
笛卡兒	孫振青	已出版
蒙田	郭宏安	撰稿中
斯賓諾莎	洪漢鼎	已出版
萊布尼茨	陳修齋	已出版
培根	余麗嫦	撰稿中
托馬斯·霍布斯	余麗嫦	已出版

世界哲學家叢書(四)

書名	作者	出版狀況
世親	釋依昱	撰稿中
商羯羅	黃心川	撰稿中
維韋卡南達	馬小鶴	撰稿中
泰戈爾	宮靜	已出版
奥羅賓多・高士	朱明忠	已出版
甘地	馬小鶴	已出版
尼赫魯	朱明忠	撰稿中
拉達克里希南	宮靜	撰稿中
元曉	李箕永	撰稿中
休靜	金煐泰	撰稿中
知訥	韓基斗	撰稿中
李栗谷	宋錫球	已出版
李退溪	尹絲淳	撰稿中
空海	魏常海	撰稿中
道元	傅偉勳	排印中
伊藤仁齋	田原剛	撰稿中
山鹿素行	劉梅琴	已出版
山崎闇齋	岡田武彦	已出版
三宅尙齋	海老田輝巳	已出版
中江藤樹	木村光德	撰稿中
貝原益軒	岡田武彦	已出版
荻生徂徠	劉梅琴	撰稿中
安藤昌益	王守華	撰稿中
富永仲基	陶德民	撰稿中
石田梅岩	李甦平	撰稿中

世界哲學家叢書㈢

書名	作者	出版狀況
澄觀	方立天	撰稿中
宗密	冉雲華	已出版
永明延壽	冉雲華	撰稿中
湛然	賴永海	已出版
知禮	釋慧嶽	排印中
大慧宗杲	林義正	撰稿中
袾宏	于君方	撰稿中
憨山德清	江燦騰	撰稿中
智旭	熊琬	撰稿中
康有爲	汪榮祖	撰稿中
譚嗣同	包遵信	撰稿中
章太炎	姜義華	已出版
熊十力	景海峰	已出版
梁漱溟	王宗昱	已出版
胡適	耿雲志	撰稿中
金岳霖	胡軍	已出版
張東蓀	胡偉希	撰稿中
馮友蘭	殷鼎	已出版
唐君毅	劉國強	撰稿中
牟宗三	鄭家棟	撰稿中
宗白華	葉朗	撰稿中
湯用彤	孫尚揚	排印中
賀麟	張學智	已出版
龍樹	萬金川	撰稿中
無著	林鎭國	撰稿中

世界哲學家叢書㈡

書名	作者	出版狀況
胡宏	王立新	排印中
朱熹	陳榮捷	已出版
陸象山	曾春海	已出版
陳白沙	姜允明	撰稿中
王廷相	葛榮晉	已出版
王陽明	秦家懿	已出版
李卓吾	劉季倫	撰稿中
方以智	劉君燦	已出版
朱舜水	李甦平	已出版
王船山	張立文	撰稿中
眞德秀	朱榮貴	撰稿中
劉蕺山	張永儁	撰稿中
黃宗羲	吳光	撰稿中
顧炎武	葛榮晉	撰稿中
顏元	楊慧傑	撰稿中
戴震	張立文	已出版
竺道生	陳沛然	已出版
眞諦	孫富支	撰稿中
慧遠	區結成	已出版
僧肇	李潤生	已出版
智顗	霍韜晦	撰稿中
吉藏	楊惠南	已出版
玄奘	馬少雄	撰稿中
法藏	方立天	已出版
惠能	楊惠南	已出版

世界哲學家叢書(一)

書名	作者	出版狀況
孔子	韋政通	撰稿中
孟子	黃俊傑	已出版
荀子	趙士林	撰稿中
老子	劉笑敢	撰稿中
莊子	吳光明	已出版
墨子	王讚源	撰稿中
公孫龍子	馮耀明	撰稿中
韓非子	李甦平	撰稿中
淮南子	李增	已出版
賈誼	沈秋雄	撰稿中
董仲舒	韋政通	已出版
揚雄	陳福濱	已出版
王充	林麗雪	已出版
王弼	林麗眞	已出版
郭象	湯一介	撰稿中
阮籍	辛旗	排印中
嵇康	莊萬壽	撰稿中
劉勰	劉綱紀	已出版
周敦頤	陳郁夫	已出版
邵雍	趙玲玲	撰稿中
張載	黃秀璣	已出版
李覯	謝善元	已出版
楊簡	鄭曉江	排印中
王安石	王明蓀	已出版
程顥、程頤	李日章	已出版